SCHRIFTENREIHE DES IFO-INSTITUTS FÜR WIRTSCHAFTSFORSCHUNG

Nr. 98

IFO-INSTITUT FÜR WIRTSCHAFTSFORSCHUNG

# Der Innovationsprozeß in westeuropäischen Industrieländern

## Band 4: Staatliche Innovationspolitik

Von

Hans Wilhelm Hetzler

Verena Müller · Gerd Schienstock

DUNCKER & HUMBLOT / BERLIN · MÜNCHEN

Gedruckt 1978 bei Buchdruckerei A. Sayffaerth - E. L. Krohn, Berlin 61
Printed in Germany

ISBN 3 428 04189 5

# Vorwort

Eine Gruppe europäischer Wirtschaftsforschungsinstitute sowie eine Gruppe von Soziologen vom Seminar für Sozialwissenschaften der Universität Hamburg führten eine Untersuchung des industriellen Innovationsprozesses in Unternehmen der Bundesrepublik Deutschland, Großbritanniens und Schwedens durch. Der Gruppe der Wirtschaftsforschungsinstitute gehörten an: Das Ifo-Institut für Wirtschaftsforschung, München, bei dem auch die Koordinierung lag, das National Institute of Economic and Social Research, London, sowie das Industriens Utredningsinstitut, Stockholm.

Zweck dieses multinationalen Projekts war es, den Prozeß der Erforschung, Entwicklung und Anwendung von Technologien am Beispiel von Innovationsfällen der Energiewirtschaft, einschließlich ihrer vor- und nachgelagerten Industriebereiche, zu untersuchen. Die Studie sollte dadurch die Innovationsforschung aus ihrer methodischen und fachwissenschaftlichen Isolierung führen, gewisse Lücken der bisherigen Innovationsforschung schließen und damit der staatlichen Politik und den Innovatoren in wichtigen westlichen Industrieländern Entscheidungshilfen vermitteln.

Das Projekt wurde 1970 von Herrn Dr. G. Gambke, dem damaligen Generalsekretär der Stiftung Volkswagenwerk, die auch die Finanzierung übernahm, angeregt. Das Ifo-Institut griff die Anregung auf und entwickelte einen Forschungsplan für ein solches Projekt. Der erste Entwurf dieses Planes wurde im gleichen Jahr auf einer zu diesem Zweck einberufenen Sachverständigenkonferenz mit neunzehn Vertretern verschiedener wissenschaftlicher Disziplinen eingehend erörtert. 1971 wurde der Forschungsantrag bei der Stiftung Volkswagenwerk eingereicht. Die Stiftung hat mit Schreiben vom 21. Juli 1972 dem Forschungsvorhaben zugestimmt. Es erschien zweckmäßig, ein derart umfangreiches Projekt, das zudem auf verschiedenen Gebieten Neuland betrat, durch einen Sachverständigenbeirat begleiten zu lassen[1].

[1] An den Sitzungen des Beirats haben teilgenommen: Prof. Dr. R. Bentzel, Universität Uppsala; Prof. Dr. K. Borchardt, Universität München; Prof. Dr. H. Hinterhuber, Universität Innsbruck; Dr. W. Muttelsee, Bundesministerium für Wirtschaft, Bonn; Dr. L. Nabseth, Wirtschaftsvereinigung Eisen- und Stahlindustrie, Stockholm, und Dr. E. F. Schumacher, National Coal Board, London.

Das Forschungsprojekt begann Ende 1972 mit der Ausarbeitung der methodisch-theoretischen Grundlagen des Projekts und seiner Forschungsstrategie, insbesondere mit der Erarbeitung eines einheitlichen Erhebungsleitfadens für Untersuchungen des Innovationsprozesses in Unternehmen der Energiewirtschaft und der verarbeitenden Industrie in den drei beteiligten Ländern. Insgesamt 218 solcher Untersuchungen wurden in Interviewform in den Jahren 1973 bis 1975 in 126 verschiedenen Unternehmen durchgeführt. Die dabei diskutierten Innovationsfälle betreffen insgesamt 25 ausgewählte wichtige neue Technologien. Parallel dazu erfolgten eine eingehende Sichtung und Bewertung der bisherigen sozialwissenschaftlichen und ökonomischen Innovationsforschung sowie eine detaillierte Analyse der Erforschung, Entwicklung und Anwendung der wichtigsten neuen Technologien in der Energiewirtschaft; außerdem wurden Interviews mit den staatlichen Trägern der Innovationspolitik in den drei Ländern sowie in USA und Kanada geführt. Die Forschungsgruppe dankt allen Unternehmen und Fachleuten, die sich für diese Erhebungen und Gespräche zur Verfügung stellten.

Die Gesamtprojektleitung lag bei Karl Heinrich Oppenländer, Ifo-Institut. Die Projektleiter der einzelnen Institute waren: für London George F. Ray, für Stockholm Bo Carlsson und für Hamburg Hans W. Hetzler.

An den gesamten Arbeiten bzw. an den unter und in den beteiligten Instituten geführten zahlreichen Diskussionen zur Anlage, Durchführung und Berichterstattung des Projekts waren beteiligt im Ifo-Institut: K. Grefermann, J. Kruse, K. H. Oppenländer, E. Peffgen, P. Rammner, K. Ch. Röthlingshöfer, H. Schedl, L. Scholz, R.-U. Sprenger und L. Uhlmann; aus dem Industriens Utredningsinstitut: B. Carlsson, A. Grufman und L. Wohlin; aus dem National Institute: C. J. Atherton, D. T. Jones, G. F. Ray und T. W. K. Scott; sowie H. W. Hetzler, V. Müller und G. Schienstock von der Universität Hamburg.

Für Spezialprobleme wurde außerdem in mehreren Fällen auf die Hilfe externer Experten zurückgegriffen. Dies betrifft insbesondere die Beschaffung der erforderlichen Informationen über die wichtigsten technologischen Veränderungen in der Energiewirtschaft sowie die Programmierung der bei der Auswertung der 218 Innovationsfälle verwendeten Faktoren-Analyse und Profil-Cluster-Analyse.

Die Berichterstattung über das Projekt erfolgt in mehreren Publikationen[2].

---

[2] Folgende Veröffentlichungen über Teilergebnisse liegen bereits vor: Hans W. Hetzler: Innovationen in sozialwissenschaftlicher Perspektive; George F. Ray: Innovation in Industry: The State and Results of Recent Economic Research in Western Europe; Luitpold Uhlmann: Innovation in

Die Hauptveröffentlichung wird in vier Bänden innerhalb der Schriftenreihe des Ifo-Instituts vorgelegt:

(1) Verena Müller und Gerd Schienstock: Sozialwissenschaftliche Innovationstheorien

(2) Luitpold Uhlmann: Der Ablauf industrieller Innovationsprozesse

(3) George F. Ray: Innovation in der Energiewirtschaft

(4) Hans Wilhelm Hetzler, Verena Müller und Gerd Schienstock: Staatliche Innovationspolitik.

Band 1 bringt einen Überblick über den Stand der sozialwissenschaftlichen Innovationsforschung. Er befaßt sich mit dem individuellen Innovationsverhalten, dem Einfluß der Persönlichkeit auf den Innovationsprozeß, den organisatorischen Aspekten des Innovationsprozesses sowie dem Einfluß der Umwelt auf das Innovationsverhalten.

Band 2 stellt einen Bezugsrahmen für die Analyse von Innovationsproblemen auf und schildert den allgemeinen Ablauf des Innovationsprozesses sowie typische Abweichungen hiervon an Hand der 218 untersuchten Innovationsfälle. Hieraus werden Schlußfolgerungen für die künftigen Aufgaben der Innovationsforschung gezogen.

Band 3 behandelt die allgemeine Entwicklung der Weltenergiesituation und der energiewirtschaftlichen Probleme in den drei Ländern. Außerdem enthält er detaillierte Studien des Innovationsprozesses einzelner wichtiger neuer Technologien in diesem Bereich.

Band 4 diskutiert an Hand von Interviews hauptsächlich Ziele, Ansatzpunkte und Mittel der einzelnen Träger staatlicher Politik, soweit sie für den Innovationsprozeß relevant sind.

---

der Industrie: Stand und Ergebnisse der Forschung im deutschsprachigen Raum; Luitpold Uhlmann: Innovation in der Industrie: Stand und Ergebnisse der Forschung in den USA. (Jeweils veröffentlicht in: Ifo-Institut für Wirtschaftsforschung (Hrsg.): Technischer Fortschritt. Ursache und Auswirkung wirtschaftlichen Handelns, München 1974. Eine englischsprachige Veröffentlichung des zweiten und dritten dieser Berichte erfolgte auch in „Research Policy", Hefte 3 und 4, 1975.)

George F. Ray and David Jones: The Innovation Process in the Gas Industry, in: National Institute Economic Review, August 1975.

George F. Ray and Luitpold Uhlmann: The Process of Industrial Innovations, in: Centre National de la Recherche Scientifique (Hrsg.): Rentabilité de la Recherche Industrielle et Besoins de Progrès Technique, Paris 1977.

Luitpold Uhlmann: The Innovation Process in Industrialized Countries: Some Empirical Results, in: Karl A. Stroetman (Hrsg.): Innovation, Economic Change and Technology Policies, Basel - Stuttgart 1977.

Außerdem wurde mit folgenden Referaten über das Projekt berichtet (Veröffentlichung jeweils in Vorbereitung):

George F. Ray: The Climate for Innovations, Cambridge 1975.

Luitpold Uhlmann: The Typology Approach in Innovation Research, Glasgow 1977.

Als Buchveröffentlichung für den englischen Sprachraum erscheint außerdem: George F. Ray, Luitpold Uhlmann: The Innovation Process in the Energy Industries, London 1978. Dort wird der Inhalt des zweiten und dritten Bandes zusammenfassend dargestellt.

München, im Oktober 1977

Karl Heinrich Oppenländer

# Inhaltsverzeichnis

# Abbildungsverzeichnis

# 1. Einleitung

Der vorliegende vierte Band des Forschungsprojekts „Der Innovationsprozeß in westeuropäischen Industrieländern" basiert auf einer Befragung zur staatlichen Innovationspolitik, die bei Regierungsstellen und Forschungseinrichtungen durchgeführt wurde. Durch die Erhebung sollte festgestellt werden, welche Funktionen die befragten Institutionen in verschiedenen Innovationsphasen und bei unterschiedlichen Innovationstypen ausüben, und in welcher Weise sie das Innovationsgeschehen perzipieren. Die Analyse dieser Fragestellung ist in engem Zusammenhang zu sehen mit der Untersuchung „Der Ablauf industrieller Innovationsprozesse", dem zweiten Band des oben erwähnten Forschungsprojekts[1], in dem die Erforschung und Entwicklung neuer Technologien aus der Sicht der Unternehmen, die Innovationen oder zumindest einzelne Phasen durchgeführt haben, dargestellt werden. Der Zusammenhang zwischen den beiden Untersuchungen beruht auf der Annahme, daß in den Industrieländern, in denen die Befragungen vorgenommen wurden, die verschiedenen Aufgaben im Innovationsgeschehen nicht von einem Systembereich allein übernommen werden, sondern daß sie durch das Zusammenwirken mehrerer Subsysteme erfüllt werden. Diese Verteilung der Innovationsfunktionen auf mehrere gesellschaftliche Bereiche ist kennzeichnend für ein ökonomisches System mit marktwirtschaftlicher Ausrichtung, in dem die Wirtschaftsbetriebe zwar die wesentlichen Träger innovativer Prozesse sind, der Staat jedoch zunehmend Planungs- und Steuerungsfunktionen im Rahmen der technischen Entwicklung wahrnimmt[2]. Für die Analyse eines derartigen gesellschaftlichen Innovationssystems hat dies zur Folge, daß ein Interface-Ansatz gewählt werden muß, um die verschiedenen Subsysteme und deren Beziehungen untereinander darstellen zu können. Diese systemtheoretische Betrachtungsweise, die auch dem Bezugsrahmen des ersten und zweiten Bandes des Forschungsprojektes zugrunde liegt, wird ergänzt durch einen perzeptionstheoretischen Ansatz. Die Ergebnisse der beiden Befragungen geben nämlich nur die Beziehungen zwischen Staat, Wirtschaft und Wissenschaft aus der Sichtweise der jeweils befragten Institution wieder. Es wird dabei von der Annahme

[1] Uhlmann 1978.

[2] Mensch bezeichnet derartige Formen des Zusammenwirkens von Staat und Wirtschaft bei der Forschung, Entwicklung und Einführung neuer Technologien als „gemischtwirtschaftliche Innovationspraxis". Vgl. Mensch 1976, S. 1.

ausgegangen, daß die Perzeption des Innovationsgeschehens entscheidend durch die jeweiligen Innovationsfunktionen der befragten Institutionen geprägt wird.

## 1.1. Die Einbeziehung des Staates in die Innovationsforschung

Die Erkenntnis, daß eine Einbeziehung des Staates in die Analyse des Innovationssystems erforderlich ist, setzt sich langsam in der Innovationsforschung durch. Noch bis zu Beginn der 70er Jahre gehörte die staatliche Innovationspolitik zu den Problemen in der Innovationsforschung, die entweder vernachlässigt oder nur unzureichend analysiert wurden. Für die sozialwissenschaftlichen Innovationstheorien war es kennzeichnend, daß sie den Staat sowie dessen Eingriffe im Innovationsgeschehen nur als einen relativ undifferenzierten Umweltbereich darstellten, da sich ihr Hauptinteresse auf eine organisationsinterne Erklärung des unternehmerischen Innovationsprozesses richtete[3]. Die ökonomischen Untersuchungen konzentrierten sich dagegen vor allem auf einen Vergleich der staatlichen F- und E-Ausgaben in verschiedenen Ländern[4].

Die Verlagerung des Erkenntnisinteresses in der Innovationsforschung wird u. a. an der Vielzahl der Veröffentlichungen deutlich, die gerade in den letzten Jahren zur Problematik der staatlichen Innovationspolitik erschienen sind[5]. Da staatliche Stellen häufig die Auftraggeber der Studien waren, haben sie in entscheidender Weise mit zur Verlagerung des Untersuchungsbereiches in der Innovationsforschung beigetragen.

Solche Forschungsförderungspolitik war mit von dem Interesse geleitet, die Theoriebildung in der Innovationsforschung so weit voranzutreiben, daß die Ergebnisse als Grundlage für die innovationspolitischen Entscheidungen der staatlichen Stellen verwendet werden können. Somit werden hohe Erwartungen an die gegenwärtige Innovationsforschung gerichtet. Sie ergeben sich aus den zunehmenden Anforderungen und Problemen, denen sich Regierungsstellen im Rahmen der Innovationsförderung gegenwärtig gegenübergestellt sehen. Zu diesen Anforderungen gehören insbes. die Planungs- und Steuerungsaufgaben, die zur Stabilisierung der sozio-ökonomischen Entwicklung erforderlich sind. Eine derartige Steuerung bereitet allerdings aus mehreren Gründen erhebliche Schwierigkeiten, die im folgenden ausführ-

---

[3] Vgl. u. a. Aregger 1975; Havelock u. a. 1971; Schienstock 1975; Witte 1973; Zaltman / Duncan / Holbek 1973 und Zintl 1970.

[4] Vgl. u. a. Standke 1970; Keck 1976.

[5] Vgl. u. a. Bräunling / Harmsen 1975; Littmann 1975; Mensch 1976; Rupp 1976; Schmitz u. a. 1976.

licher dargestellt werden sollen. Besondere Schwierigkeiten bereitet in diesem Zusammenhang

— die Prognose des Verhaltens der verschiedenen Entscheidungsträger im Innovationsprozeß;
— die Befriedigung konfligierender Interessen im Rahmen der staatlichen Innovationspolitik;
— die organisatorische Gestaltung des administrativen Systems im Hinblick auf eine adäquate Ausübung der staatlichen Funktionen im Innovationsgeschehen;
— der Mangel an geeigneten Innovationstheorien zur Selektion und Beurteilung von Förderungsmaßnahmen.

Fortgeschrittene Industriegesellschaften mit marktwirtschaftlicher Ausrichtung stellen komplexe und dynamische Systeme dar, in denen die Entstehungs- und Ablaufsbedingungen für innovative Prozesse vom Staat nur unvollständig kontrolliert und in ihren Folgewirkungen nur unzureichend vorausgesehen werden können. Prognoseprobleme dieser Art ergeben sich einerseits aus der dezentralisierten Verteilung der Entscheidungskompetenzen im Innovationsprozeß auf einzelne Wirtschaftseinheiten; sie hängen andererseits aber auch mit dem Umfang des für eine umfassende Beurteilung neuer Technologien notwendigen Wissens zusammen. Aufgrund solcher Schwierigkeiten werden die langfristigen Planungs- und Steuerungsmöglichkeiten des Staates im Innovationsgeschehen erheblich beeinträchtigt.

In der Öffentlichkeit hat die Kritik an der staatlichen Innovationspolitik zugenommen. Die Kritik bezieht sich nicht nur auf die mangelnde Effizienz einzelner Förderungsmaßnahmen, sondern auch auf die Legitimationsgrundlage des Staates, bestimmte Innovationsentscheidungen allein, d. h. ohne entsprechende Partizipationschancen betroffener Bevölkerungsgruppen zu treffen. Die zunehmende Betroffenheit durch staatliche Innovationsentscheidungen hat die Artikulation der Innovationsinteressen dieser Gruppen verstärkt. Dadurch sind die Interessengegensätze der am Innovationsprozeß beteiligten Gruppen deutlicher hervorgetreten[6]. Da der Staat aufgrund seiner verschiedenen Funktionen im Innovationsgeschehen sowohl die Interessen der Promotoren als auch der Betroffenen wahrzunehmen hat, steht er vor der Schwierigkeit, die Innovationskonflikte durch seine Entscheidungen abzuschwächen.

Aus den zunehmenden Steuerungsfunktionen des Staates im Innovationsgeschehen ergeben sich Organisationsprobleme für die hierfür zuständigen Regierungsstellen. Die Gestaltungsprobleme beziehen sich

[6] Vgl. BMFT 1975 a).

einerseits auf die Frage, inwieweit die neu in den staatlichen Zuständigkeitsbereich fallenden Aufgaben in die bestehenden Regierungsstellen integriert werden können oder inwieweit neue Institutionen geschaffen werden müssen. Bei der Abgrenzung und Neuregelung der Kompetenzen im Innovationsgeschehen treten vor allem Koordinationsprobleme auf. Bei der organisatorischen Gestaltung der staatlichen Funktionen ist andererseits die Frage der vertikalen Integration bzw. Differenzierung zu berücksichtigen. Der Staat muß entscheiden, ob eine stärkere Zentralisierung oder Dezentralisierung der zuständigen Regierungsstellen besser für die Erfüllung der unterschiedlichen Aufgaben in den verschiedenen Innovationsprozessen und -typen geeignet ist.

Schließlich entstehen Schwierigkeiten aber auch dadurch, daß der Staat wegen der unmittelbar anstehenden technologischen, ökonomischen und sozialen Innovationsprobleme Entscheidungen treffen muß, obwohl hierfür keine ausreichend abgesicherten Innovationsmodelle als Entscheidungsgrundlage zur Verfügung stehen. Für die Prognose und Steuerung der Innovationsprozesse sowie ihrer Folgewirkungen reichen die überwiegend speziellen Innovationstheorien nicht aus, da sie sich auf Teilaspekte des Bedingungskomplexes und der Gesamtwirkung von neuen Technologien beschränken. Zudem erklären diese Theorien die Innovationsdynamik in unterschiedlicher Weise.

Aus den dargestellten Schwierigkeiten wird deutlich, daß zwischen dem Stand der staatlichen Innovationspolitik einerseits und der Innovationstheorie andererseits eine erhebliche Diskrepanz besteht. Die Praxis der staatlichen Innovationsförderung ist der Innovationstheorie weit voraus[7]. Bei einer Konfrontation von Innovationspolitik und -theorie ist daher zu prüfen,

— welche Erklärungsmodelle in der Innovationspolitik der Regierungsstellen bzw. in der Innovationsforschung verwendet werden;
— inwieweit diese Erklärungsmodelle übereinstimmen;
— welche Innovationsprobleme von den Regierungsstellen bzw. der Forschung vernachlässigt werden.

Diese Fragen sollen im folgenden eingehender erörtert werden, wobei zunächst die Hauptansätze der Innovationsforschung zur staatlichen Innovationspolitik diskutiert werden sollen.

## 1.2. Erklärungsansätze zur staatlichen Innovationspolitik — Darstellung und Kritik

In diesem Abschnitt werden verschiedene Ansätze zur staatlichen Innovationspolitik untersucht. Hierfür wird allerdings keine ausführ-

[7] Vgl. Pavitt / Walker 1976, S. 17.

liche Darstellung der einzelnen Erklärungsansätze vorgenommen. Vielmehr beschränkt sich die Diskussion auf eine Explikation und Kritik der grundlegenden Annahmen. Dazu gehören

(1) Annahmen über den Innovationsprozeß

(2) Annahmen zur Struktur des staatlichen Entscheidungssystems in der Innovationspolitik

(3) Annahmen über den Entscheidungsprozeß im Rahmen der staatlichen Innovationspolitik.

Um Ansatzmöglichkeiten für staatliche Maßnahmen und deren Wirkungen im Innovationsgeschehen bestimmen zu können, ist es notwendig, Annahmen über die Faktoren zu machen, die den Ablauf von Innovationsprozessen in entscheidender Weise beeinflussen. Bei ihrer Analyse der Bedingungen gehen die meisten Untersuchungen zur staatlichen Innovationspolitik von der Annahme aus, daß der Ablauf von Innovationsprozessen in erster Linie von dem Innovationsverhalten der Promotoren (Unternehmen) abhängt[8]. Aus dieser Annahme wird gefolgert, daß die Erklärungsmodelle nur die Faktoren angeben sollten, die sich als Barrieren bzw. „enhancers“ auf das Innovationspotential der Unternehmen auswirken. Innovationstheorie ist daher nach Mensch eine Theorie der Innovationshindernisse[9]. Staatliche Innovationspolitik wird, gemäß den Annahmen dieses Ansatzes, als ein Wirkungsmodell dargestellt, das die Maßnahmen des Staates zur Überwindung der Innovationsbarrieren für Unternehmen umfaßt. Es werden daher nur solche Maßnahmen angegeben, die sich positiv auf den Innovationsprozeß der Promotoren auswirken.

Die einseitige Berücksichtigung der Innovationsbedingungen für Promotoren überrascht umso mehr, als die Autoren durchaus auf die unzureichende Befriedigung der Innovationsbedürfnisse breiter Bevölkerungsgruppen durch das unternehmerische Innovationsverhalten hinweisen[10]. Es ist daher zu überlegen, warum die Interessen dieser Gruppen nicht in gleicher Weise wie die der Unternehmen im Erklärungsmodell mit berücksichtigt werden. Ein entscheidender Grund kann darin liegen, daß eine Einbeziehung der betroffenen Gruppen in den traditionellen Erklärungsansatz zur Innovationspolitik nicht möglich ist. Die bisherige Innovationsforschung ist in ihrem Ansatz überwiegend von einer positiven Bewertung von Innovationen ausgegangen und hat dadurch den Ablauf von Innovationsprozessen in erster Linie als ein Gestaltungs- und Effizienzproblem betrachtet, das in den Aufgabenbereich des Unternehmensmanagement fällt[11]. Würde man nun in

[8] Vgl. dazu Mensch 1976; Little 1973; Littmann 1975; Pavitt / Walker 1976.

[9] Vgl. Mensch 1976, S. 9.

[10] Vgl. u. a. Littmann 1975, S. 52 ff.; Mensch 1976, S. 23—45.

[11] Vgl. u. a. Thompson 1969; Röpke 1970; Schmidt 1969; Bendixen / Kemmler 1972; Becker / Whisler 1967; Thom 1976.

diesen Ansatz die Betroffenen als eine weitere Gruppe der am Innovationsprozeß beteiligten Entscheidungsträger einbeziehen wollen, so würde dies nicht nur ein Erweiterungsproblem im Sinne der Addition eines zusätzlichen Systembereiches darstellen, sondern auch eine Neukonzeption der Beziehungen zwischen den verschiedenen Entscheidungsträgern erfordern. Während die bisherigen Erklärungsmodelle von einem weitgehenden Interessenkonsensus zwischen Promotorensystem und Staat im Rahmen der Innovationspolitik ausgehen, müßte bei einer Neukonzeption die Interessendivergenz zwischen Promotorensystem, Betroffenen und Staat als Annahme mit berücksichtigt werden. Denn nur so läßt sich das Konfliktpotential der staatlichen Innovationspolitik erfassen, das sich aus der Aufgabenstellung des Staates, die Interessen der Promotoren *und* der Betroffenen im Innovationsgeschehen wahrzunehmen, ergibt. Unstimmigkeiten in den staatlichen Maßnahmen und Zielen können dadurch als Folge der widersprüchlichen Legitimationsgrundlagen der staatlichen Innovationspolitik erklärt werden. Mit einem derartigen konflikttheoretischen Ansatz wird die Annahme der bisherigen Untersuchungen, daß nämlich die Innovationspolitik einheitlich ist, d. h. vom Konsensus aller am Innovationsprozeß beteiligten Gruppen getragen wird, aufgegeben.

Der zweite Problembereich der bisherigen Erklärungsansätze zur Innovationspolitik umfaßt die Annahmen, die zur effizienten Strukturierung des staatlichen Entscheidungssystems vorliegen. In der bisherigen Innovationsforschung ist die organisatorische Gestaltungsproblematik der staatlichen Entscheidungsstruktur wesentlich weniger untersucht worden als die Gestaltungsmöglichkeiten für innovative Aufgabenstellungen auf der Unternehmensebene.

Bei der Frage, welche Gestaltungsprinzipien zu einer optimalen Verteilung und Ausübung der staatlichen Aufgaben im Innovationsgeschehen führen, lassen sich grob die folgenden vier Betrachtungsweisen unterscheiden:

(1) Untersuchungen, die dem intra-organisatorischen Ansatz zugerechnet werden können, gehen von der Annahme aus, daß die Wirksamkeit der Entscheidungsstruktur anhand der Ziele und Maßnahmen einzelner Institutionen bestimmt werden kann. Die Koordinations- und Kooperationsbeziehungen zwischen den Institutionen bei den verschiedenen Innovationsphasen und -typen werden dabei vernachlässigt[12].

(2) Im Rahmen der internationalen Untersuchungen wird häufig die Annahme vertreten, daß alle Organisationsformen den Zweck der

---

Zur ausführlichen Kritik der promotorenorientierten Innovationsforschung vgl. Müller und Schienstock (1978. Kap. 7.1), (1977).

[12] Vgl. u. a. Rüdt von Collenberg 1974, S. 228—237; Pavitt / Walker 1976.

Innovationsförderung in ähnlicher Weise erfüllen können. Diese Annahme beruht auf der Beobachtung, daß in den fortgeschrittenen westlichen Industriegesellschaften unterschiedliche Organisationsformen im Rahmen der staatlichen Innovationspolitik bestehen[13].

(3) In Untersuchungen, die sich auf die Organisationsentwicklung der staatlichen Einrichtungen zur Innovationspolitik stützen, werden die starken organisatorischen Änderungen entweder als ein Suchprozeß nach der geeigneten Organisationsform erklärt oder als ein notwendiger Wandel dargestellt, um die Rigidität, die sich bei jeder institutionellen Lösung im Zeitablauf einstellt, zu vermindern[14].

(4) Strukturanalysen, die den Einsatz alternativer Gestaltungsmöglichkeiten des Entscheidungssystems untersuchen, gehen davon aus, daß die unterschiedlichen Aufgabenstellungen des Staates im Innovationsgeschehen verschiedene Strukturprinzipien erfordern. Soweit mit Innovationsprozessen die Verfolgung langfristiger unsicherer Zielsetzungen bei knappen Mitteln verbunden ist, erscheinen zentral organisierte Entscheidungssysteme funktional adäquater. Bei kurzfristig statischen Zielen und steigenden Mitteln erscheint dagegen ein dezentralisiertes Organisationssystem wirkungsvoller[15]. Bei beiden Organisationsformen sind Kooperationsbeziehungen mit anderen Systemen erforderlich, um die vielfältigen Zusammenhänge von Innovationsprozessen mit den verschiedenen gesellschaftlichen Bereichen bei den Entscheidungen berücksichtigen zu können.

Aus dieser Gegenüberstellung der unterschiedlichen Ansätze wird deutlich, daß sich die Untersuchungen bisher auf die Beschreibung einzelner Ausschnitte des Entscheidungssystems in bestimmten Phasen beschränkt haben. Die Interdependenzen und Kooperationsprobleme der unterschiedlichen Institutionen bei der Steuerung in den verschiedenen Innovationsphasen sind bisher vernachlässigt worden. Soweit über deskriptive Analysen hinausgegangen wird, handelt es sich meistens um ungeprüfte Annahmen über die Gestaltung des Entscheidungssystems. Es werden dabei bestimmte Merkmale des Innovationsprozesses, wie z. B. das technisch-ökonomische Risiko, ausgewählt und als Maßstab für die funktionale Adäquanz von alternativen Organisationsmodellen genommen. Strukturanalysen, die von derartigen Kriterien ausgehen, klammern meistens von vornherein die Diskussion über andere Maßstäbe aus. Würde man dagegen die Interessendurchsetzung aller am Innovationsprozeß beteiligten Entscheidungsträger zum Maßstab wählen, so wäre zu überlegen, welche Einwirkungsmöglichkeiten den einzelnen gesellschaftlichen Gruppen auf das staatliche Entschei-

[13] Vgl. Pavitt / Walker 1976; OECD 1970.
[14] Vgl. OECD 1970, S. 66.
[15] Vgl. ebenda, S. 66 ff.

dungssystem der Innovationspolitik eingeräumt werden sollen. Unterschiede in den Machtpositionen lassen sich anhand der folgenden vier Dimensionen feststellen:

— „rechtliche Absicherung der Beteiligung in unterschiedlichen Innovationsphasen und bei verschiedenen Innovationstypen;
— Zugangsmöglichkeiten zu Informationsquellen;
— das Ausmaß an Wissen über relevante Faktoren im Innovationsprozeß und dessen gesellschaftliche Auswirkungen;
— die Fähigkeit, eigene Interessen im Innovationsprozeß durchzusetzen[16]."

Die verschiedenen Partizipationsmodelle wären danach zu beurteilen, inwieweit sie eine Gleichverteilung von Einwirkungsmöglichkeiten von verschiedenen gesellschaftlichen Gruppen im Rahmen des staatlichen Entscheidungssystems herstellen können.

Der dritte Problembereich in den bisherigen Erklärungsansätzen bezieht sich auf die Annahmen über den Entscheidungsprozeß in der staatlichen Innovationspolitik. Ausgangspunkt der Analyse des Entscheidungsprozesses bildet die Kennzeichnung der Situation. Hierzu liegen unterschiedliche Typisierungsversuche vor. So ergeben sich für Little die innovationspolitischen Entscheidungssituationen des Staates aus der Art und Stärke der Innovationsbarrieren, die in den Unternehmen bestehen[17]. Mensch dagegen bestimmt die Entscheidungssituation aus dem jeweiligen Stand der technisch-ökonomischen Entwicklung[18]. Littmann schließlich leitet die Notwendigkeit der staatlichen Innovationsförderung aus einer Kombination der Merkmale Rentabilität, gesellschaftliche Erwünschtheit und Vorhandensein der erforderlichen F- und E-Ergebnisse her (vgl. Abb. 1)[19].

Die Analyse des staatlichen Entscheidungsprozesses beschränkt sich weitgehend auf die frühen Phasen der Innovationsförderung; erst in den neueren Arbeiten wird auch der Transfer von F- und E-Ergebnissen stärker miteinbezogen[20]. Das Schwergewicht in der Diskussion der staatlichen Innovationsstrategien wird auf die finanziellen Förderungsmöglichkeiten gelegt[21].

Gegen eine derartige Betrachtungsweise des innovationspolitischen Entscheidungsprozesses läßt sich einwenden, daß die Entscheidungs-

---

[16] Müller / Schienstock 1978, S. 350.
[17] Vgl. Little 1973, S. 23 ff.
[18] Vgl. Mensch 1975.
[19] Littmann 1975, S. 70.
[20] Vgl. Rupp 1976; RKW 1976; Harmsen / Niederwemmer 1976.
[21] Vgl. Littmann 1975, Kap. 4 u. 5; Bräunling und Harmsen 1975; Hamke 1976.

*Abb. 1: Typologie der Ausgangssituationen*

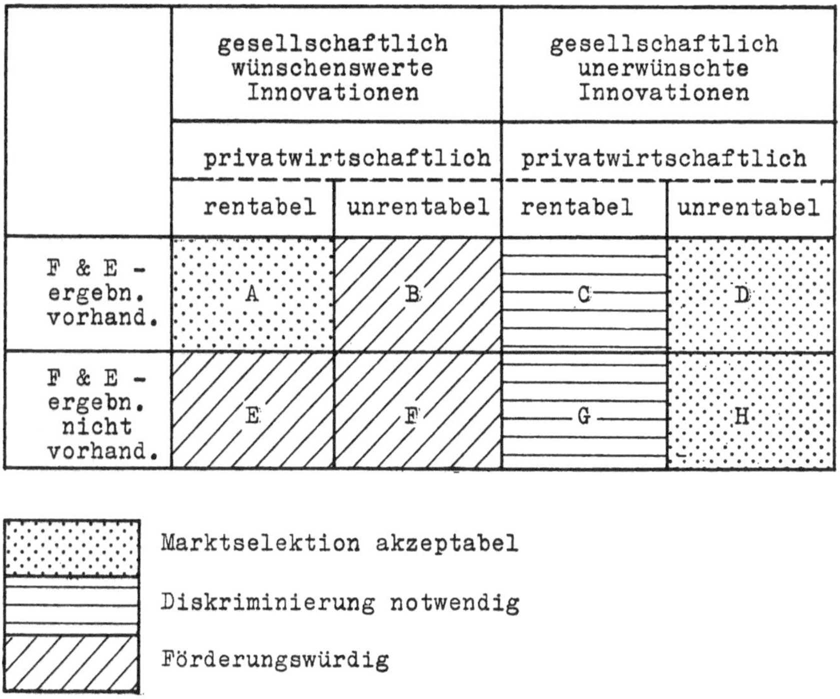


situation mit den Merkmalen von Littmann unvollständig dargestellt wird. So bleibt es u. a. unklar, wer mit welchen Methoden bestimmen kann, was gesellschaftlich erwünscht ist. Die Einschätzung neuer Technologien dürfte je nach Interessenlage variieren. Entscheidend scheint bei einer Analyse der staatlichen Planungs- und Steuerungsprozesse im Innovationsgeschehen vielmehr die Frage zu sein, welche Innovationsstrategien den verschiedenen Gruppen in den einzelnen Phasen des staatlichen Entscheidungsprozesses eingeräumt werden. Erst aus der Art der zur Verfügung stehenden Strategien und dem Zeitpunkt ihres Einsatzes ergibt sich, welche Chance die verschiedenen Gruppen und Institutionen haben, den Ablauf und Inhalt des staatlichen Entscheidungsprozesses gemäß ihren Innovationsinteressen zu beeinflussen.

Abschließend sollen die verschiedenen Kritikpunkte zu den bisherigen ökonomischen Erklärungsansätzen sowie die hier vorgeschlagenen Möglichkeiten zur Erfassung vernachlässigter Fragestellungen zur staatlichen Innovationspolitik in der folgenden Übersicht zusammengefaßt werden (s. Abb. 2).

*Abb. 2: Übersicht über verschiedene Erklärungsansätze zur staatlichen Innovationspolitik*

| Erklärungsbereich | Fragestellungen und Annahmen der bisherigen Erklärungssätze | Fragestellungen und Annahmen eines konflikttheoretischen Ansatzes |
|---|---|---|
| 1. Bedingungen des Innovationsprozesses | — Innovationsinteressen der Promotoren<br>— Promotorenbezogene Innovationspolitik<br>— Einheitliche Innovationspolitik | — Innovationsinteressen der Promotoren und Betroffenen<br>— Innovationspolitik im Interesse aller gesellschaftlichen Gruppen<br>— Widersprüchliche Innovationspolitik |
| 2. Effizienz des staatlichen Entscheidungssystems | — Beurteilungskriterium: organisatorische Strukturierung bei technisch-wirtschaftlichen Innovationsrisiken<br>— Effektivität zentraler und dezentralisierter Entscheidungssysteme | — Beurteilungskriterium: organisatorische Strukturierung für Machtausgleich der Interessengruppen<br>— Unterschiedliche Machtpositionen im Entscheidungssystem<br>— interorganisatorische Betrachtung |
| 3. Ablaufbedingungen des staatlichen Entscheidungsprozesses | — Promotorenorientierte Auswahl der Entscheidungsphasen und -strategien | — Zeitpunkt und Art der gruppenspezifischen Innovationsstrategien im Rahmen des staatlichen Entscheidungsprozesses |

Mit der Einbeziehung dieser zusätzlichen Annahmen und Fragestellungen soll die Integration der ökonomischen Modelle mit den soziologischen Erklärungsansätzen, die zur staatlichen Innovationspolitik vorliegen, erreicht werden. Hierzu gehören vor allem die Untersuchungen von Hirsch, Habermas oder Offe, die insbes. die Verflechtung von privatwirtschaftlichen und staatlichen Interessen bei Innovationsprozessen in kapitalistischen Systemen analysieren und auf die geringen Partizipationschancen anderer sozialer Gruppen bei Planungsprozessen hingewiesen haben[22]. Ihre Analyse richtet sich dabei stärker auf die Struktur und Kritik des gesamten Gesellschaftssystems; das Zusammenwirken von Regierungsstellen, Forschungseinrichtungen, Unternehmen, Gewerkschaften und anderen Verbänden in den verschiedenen Phasen des staatlichen Entscheidungsprozesses in der Innovationspolitik wird dabei nur zum Teil berücksichtigt. Gerade diese Fragestellung soll aber in der vorliegenden Arbeit eingehender untersucht werden.

[22] Vgl. Habermas 1975; Hirsch 1973; Offe 1975, S. 123 ff.

## 2. Staatliche Innovationspolitik als Entscheidungssystem

Die Kritik an den bisherigen Erklärungsansätzen sowie die Vorschläge zur Reformulierung der Fragestellungen und Annahmen bilden die Grundlage, von der aus der Untersuchungsansatz in diesem Abschnitt entwickelt werden soll.

In der vorliegenden Untersuchung soll analysiert werden, welche Merkmale das staatliche Entscheidungssystem zur Innovationspolitik in einer Industriegesellschaft wie der BRD aufweist. Es sollen dabei die Strukturen und Prozesse des Entscheidungssystems dargestellt werden. Bei dieser Struktur- und Prozeßanalyse ist insbes. zu prüfen, welche Interessengruppen, die am Innovationssystem beteiligt sind, in den staatlichen Entscheidungsstrukturen repräsentiert sind und welche Einflußmöglichkeiten ihnen im Entscheidungsprozeß offen stehen. Da angenommen wird, daß die Interessengruppen im Rahmen von Innovationsprozessen unterschiedliche Erwartungen bzw. Forderungen an den Staat richten, ist zu fragen, wie dieses Konfliktpotential bei der Gestaltung der staatlichen Entscheidungsstrukturen und -prozesse gelöst wird. Diese Frage steht im engem Zusammenhang einerseits mit den Modellvorstellungen der staatlichen Stellen über die Einflußfaktoren im Innovationsprozeß und andererseits mit den Legitimationsvorstellungen über die Steuerungsmöglichkeiten in der Innovationspolitik.

Zur Untersuchung dieser Fragestellung wird daher ein Bezugsrahmen entwickelt, in dem die verschiedenen Interessengruppen im Innovationsprozeß dargestellt werden (s. Abb. 3). In diesem Bezugsrahmen fehlen jedoch nicht nur die Angaben über die Beteiligungsarten der Interessengruppen in verschiedenen Entscheidungsphasen, sondern auch die Merkmale der Aufgabenstellung, Ziele und Strategien im Rahmen der staatlichen Innovationspolitik. Zur genaueren Kennzeichnung der Entscheidungsstrukturen ist daher die Entwicklung von Dimensionen erforderlich. Dabei kann jedoch nicht ohne weiteres auf bestehende Ansätze zur Differenzierung der staatlichen Innovationspolitik zurückgegriffen werden; denn entweder werden solche Dimensionen nur implizit oder überhaupt nicht erwähnt[1] oder die Untersuchungen be-

[1] Pavitt und Walker (1976, S. 60) führen zwar aus, daß Dimensionen zur Kennzeichnung unterschiedlicher Entscheidungssysteme verwendet werden sollten; sie selbst halten es jedoch bei einer internationalen Vergleichsstudie kaum für möglich.

*Abb. 3: Bezugsrahmen für die Analyse der staatlichen Innovationspolitik*

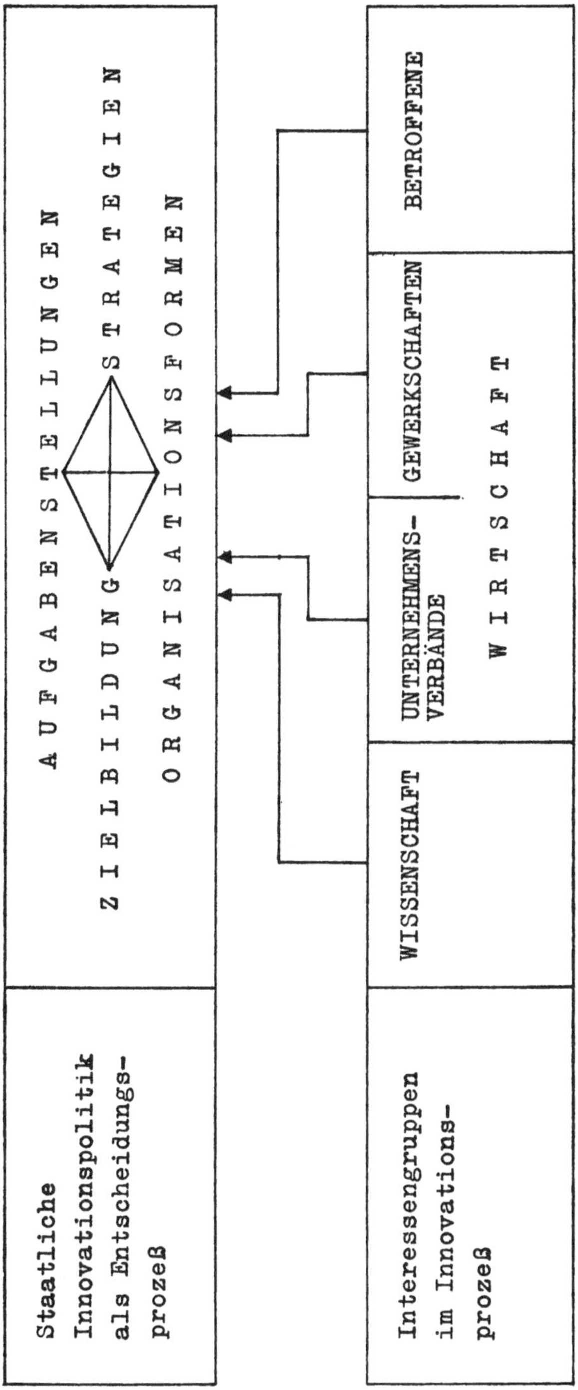

schränken sich auf die folgenden Dimensionen: Zentralisierung, Differenzierung und Direktheit der Innovationsförderung[2]. Sie reichen jedoch nicht für eine Differenzierung aller angegebenen Variablen aus. Hierfür werden zusätzliche Dimensionen benötigt. Da insbes. in der organisationssoziologischen Innovationsforschung solche Dimensionen zur Typisierung von mehr oder weniger innovativen organisatorischen Entscheidungssystemen entwickelt worden sind, sollen diese Merkmale, soweit sie sich auf die staatliche Innovationspolitik übertragen lassen, im folgenden verwendet werden. Danach können bei den Variablen des Bezugsrahmens vor allem die folgenden Ausprägungen unterschieden werden:

(1) Die *Art der Zielbildung* wird bestimmt durch

— die angegebenen Interventionsziele. Sie können dabei vorrangig entweder auf eine bestimmte Interessengruppe (Promotoren, Betroffene) oder auf gesamtgesellschaftliche Interessen ausgerichtet sein;

— die Klarheit der Zielvorgaben. Die innovationspolitischen Ziele können präzise oder unpräzise formuliert sein;

— die Legitimierung der Ziele und Mittel. Es können hierfür z. B. wirtschaftliche, technologische, rechtliche oder soziale Begründungen angegeben werden.

(2) Die *Art der Aufgabenstellung* ergibt sich daraus, wie der Bereich der staatlichen Innovationsförderung festgelegt und strukturiert ist. Das läßt sich insbes. feststellen an

— dem Umfang des Förderungsbereiches, der je nach dem verwendeten Innovationsbegriff eng oder weit sein kann;

— dem Bezugssystem. Die Aufgabenstellung des Staates kann primär in der Bewältigung von einzelwirtschaftlichen oder gesamtgesellschaftlichen Innovationsproblemen bestehen;

— dem Grad der Arbeitsteilung. Die Aufgaben im Rahmen der Innovationsförderung können auf wenige oder viele Stellen verteilt werden;

— dem Formalisierungsgrad. Die Förderungsaufgaben können durch genaue Vorschriften oder globale Richtlinien festgelegt sein.

(3) Die *Art der Strategien* wird durch die folgenden Dimensionen gekennzeichnet:

— das zugrunde liegende Wirkungsmodell. Die Entwicklung und Einführung neuer Technologien kann mit dem demand pull, technology push oder mit den rechtlichen Bestimmungen erklärt werden;

---

[2] Diese Dimensionen finden sich u. a. in der Untersuchung von Müller und Schienstock (1978), S. 183 ff.

— nach dem erwarteten Wirkungszusammenhang. Eine Förderungsmaßnahmen kann aufgrund ihrer diffusen oder spezifischen Wirkung veranlaßt werden;

— nach dem Interventionsmodus. Danach ist zwischen direkten und indirekten Förderungsmaßnahmen zu unterscheiden;

— nach der Beurteilungsnorm. Die Förderungswürdigkeit von Innovationsvorhaben kann anhand von universalistischen bzw. partikularistischen Kriterien entschieden werden;

— nach der Initiative. Bei aktivem Förderungsverhalten werden die Schwerpunkte gebildet und Ziele vorgegeben. Als passiv wird dagegen solches Förderungsverhalten bezeichnet, bei dem die Initiative zur Programmentwicklung anderen überlassen wird;

— nach dem Planungshorizont. Die Maßnahmen können für einen kurz- bzw. langfristigen Zeitraum im voraus geplant werden;

— nach dem Prioritätskriterium. Anhand dieses Merkmals kann geprüft werden, ob eine Förderungsmaßnahme primär unter dem Gesichtspunkt der technischen Machbarkeit oder der sozialen Akzeptanz ergriffen wird.

(4) Die *Art der Entscheidungsstruktur* ergibt sich aus

— dem Grad der Zentralisierung. Innovationspolitische Entscheidungen können zentral von einer Organisation getroffen werden. Sie können aber auch auf verschiedene dezentrale Entscheidungseinheiten verteilt sein;

— dem Kooperationsgrad. Es sind dabei vor allem die Richtung und Institutionalisierung der Kooperationsbeziehungen zwischen den Förderstellen von Bedeutung;

— der personellen Zusammensetzung. Dadurch wird insbes. die Interessenorientierung und Funktion der Entscheidungsträger im Rahmen der staatlichen Innovationspolitik bestimmt.

Welche spezifischen Merkmalsausprägungen dem staatlichen Entscheidungssystem zur Förderung neuer Technologien in der BRD zugeordnet werden, hängt u. a. von der jeweiligen Beurteilung der bestehenden Entscheidungsstrukturen und -prozesse ab. Wie bereits erwähnt, ist es eine Grundannahme der vorliegenden Untersuchung, daß diese Einschätzungen je nach Art des Entscheidungsträgers variieren. Die Angabe unterschiedlicher Legitimationen, Zielsetzungen, Strategien und Beteiligungsmöglichkeiten wird daher als wahrscheinlich betrachtet. Wodurch sich die Stellungnahmen der Entscheidungsträger im einzelnen unterscheiden, soll anhand des Datenmaterials näher bestimmt werden.

## 2.1. Methoden der Datengewinnung und -analyse

Für eine empirische Analyse der staatlichen Innovationspolitik als Entscheidungssystem ergeben sich drei Probleme:

— die Abgrenzung des Erhebungsbereiches

— die Bestimmung geeigneter Erhebungsmethoden

— die Verwendung geeigneter Auswertungsverfahren.

Wie diese Probleme im Rahmen der vorliegenden Erhebung angegangen worden sind, soll im folgenden ausführlich dargestellt werden.

Der Erhebungsbereich wurde nach den folgenden drei Kriterien festgelegt:

(1) *Regierungsstellen und Forschungseinrichtungen als Erhebungsschwerpunkt*

Aus dem oben erwähnten Bezugsrahmen würde sich die Einbeziehung von allen staatlichen Einrichtungen und beteiligten Interessengruppen ergeben. Eine derartig umfassende Erhebung konnte aus mehreren Gründen nicht vorgenommen werden. Zum einen sind bereits im zweiten Band dieses Forschungsprojekts die Innovationsziele und -strategien von Unternehmen durch eine Befragung auf der Ebene des Managements und des wissenschaftlich-technischen Personals erfaßt worden. Zum anderen ergab sich die Eingrenzung des Erhebungsbereiches aber auch dadurch, daß Vertreter der Gewerkschaften und der Betroffenen-Organisationen an bestimmten Entscheidungsphasen zur Innovationspolitik bisher kaum beteiligt sind. Der Erhebungsbereich wurde daher so festgelegt, daß nur Regierungsstellen und Forschungseinrichtungen einbezogen wurden, während die Analyse der anderen Bereiche anhand von bereits vorliegenden theoretischen sowie empirischen Untersuchungen, soweit erforderlich, vorgenommen wird.

(2) *Auswahl der Regierungsstellen und Forschungseinrichtungen*

Innerhalb der großen Anzahl der für innovationspolitische Aufgaben zuständigen Regierungsstellen und Forschungseinrichtungen mußte eine weitere Auswahl getroffen werden. Das entscheidende Selektionskriterium war hier der Grad der Kooperation von Regierungsstellen und Forschungseinrichtungen in den Entscheidungsgremien der Innovationspolitik. Dabei wurden insbes. die Forschungseinrichtungen mit in die Erhebung einbezogen, die mit den Ministerien in bestimmten innovationspolitischen Entscheidungsphasen besonders eng zusammenarbeiten.

(3) *Bestimmung des zu befragenden Personenkreises in den Organisationen*

Bei den ausgewählten Regierungsstellen und Forschungseinrichtungen handelt es sich, gemessen an der Zahl der Beschäftigten, um relativ große Organisationen. Da eine Totalerhebung nicht sinnvoll erschien und auch aus Kapazitätsgründen nicht möglich war, mußte überlegt werden, welcher Personenkreis innerhalb dieser Organisationen besonders wichtige Aussagen zur Fragestellung machen kann. Dies schien insbes. bei den Personen gegeben zu sein, die für den Bereich der Innovationspolitik in den betreffenden Regierungsstellen und Forschungseinrichtungen zuständig sind und die somit über eine entsprechende Fach- bzw. Machtkompetenz im staatlichen Entscheidungssystem verfügen.

Die Entscheidung über die Erhebungsmethoden, die bei der empirischen Analyse des oben definierten Untersuchungsbereiches angewandt werden sollten, wurde aufgrund der folgenden Überlegungen getroffen:

(1) *Mündliche Befragung*

Es wurde davon ausgegangen, daß die Interviewsituation bei den Befragten wahrscheinlich eine höhere Bereitschaft erzeugt, sich über innovationspolitische Probleme im gegenwärtigen Entscheidungssystem zu äußern, als eine schriftliche Befragung. Diese Annahme wurde insoweit bestätigt, als nahezu alle angesprochenen Personen zu einem Gespräch bereit waren, das in der Regel 60 bis 90 Minuten betrug. Auf andere Erhebungsmethoden, wie z. B. Beobachtungsverfahren, die insbes. bei der Analyse von Entscheidungsabläufen in der Innovationspolitik hätten eingesetzt werden können, mußte vor allem aufgrund von Zugangsschwierigkeiten zu den Entscheidungsgremien verzichtet werden. Außerdem war kein allzu großer Informationsgewinn aus der Anwendung zusätzlicher Erhebungsmethoden zu erwarten.

(2) *Offene Interviews*

Zur Befragung der verschiedenen Institutionen wurden unterschiedliche Gesprächsleitfäden entwickelt, in denen die Fragen weitgehend vorgegeben sind, die aber offene Antwortmöglichkeiten zulassen[3]. Diese Form des Interviews war im wesentlichen durch die besonderen Frageinhalte bedingt. Da sich die Erhebungsleitfäden auf spezifische Konzepte und Probleme der Innovationspolitik erstrecken, die keineswegs als geklärt gelten können, war anzunehmen, daß die Befragten zu den verschiedenen Themenbereichen

[3] Eine genaue Wiedergabe der Gesprächsleitfäden befindet sich im Anhang der vorliegenden Untersuchung.

umfangreichere Erklärungen und Interpretationen zur Entscheidungsproblematik in der staatlichen Innovationspolitik abgeben würden. Diese Äußerungen wurden in Gesprächsprotokollen erfaßt.

Bei der Auswertung der Interviews, bei denen es sich fast ausschließlich um qualitative Daten handelt, wurde so vorgegangen, daß die Aussagen nach den Themenbereichen geordnet wurden. Um diese Aussagen insbes. auf organisationsspezifische Unterschiede hin vergleichen zu können, wurden Dimensionen entwickelt, auf denen die Ausprägung der verschiedenen Äußerungen angegeben wurde. Neben der Auswertung der Interviews erfolgte die Analyse von Sekundärmaterial, das in Form von Programmen und Referaten zur Innovationspolitik sowie Organisationsplänen der betreffenden Institutionen vorliegt. Dieses Material stellt insofern eine wichtige Ergänzung zu den Interviews dar, weil es sich bei der Erhebung wegen der geringen Zahl an Interviews, die durchgeführt werden konnten, um eine explorative Studie handelt. Durch das Sekundärmaterial konnten die Aussagen aus den Interviews mit den programmatischen Äußerungen der Institutionen gegenüber der Öffentlichkeit verglichen werden.

## 2.2. Ablauf der Untersuchung

Im dritten Kapitel werden die Legitimationsgrundlagen der staatlichen Innovationspolitik in der BRD dargestellt. Diese Beschreibung beruht auf einer Analyse der Begründungen, die die Vertreter der zuständigen Bundesministerien und der regionalen Förderungseinrichtungen in Interviews, Programmen und Vorträgen zwischen 1974 bis 1976 gegeben haben. Die Äußerungen werden vor allem daraufhin untersucht,

— welche Legitimationsgrundlagen beim Bundesministerium für Wirtschaft, des Innern und für Forschung und Technologie sowie bei den Förderungseinrichtungen in verschiedenen Bundesländern vorherrschen;
— inwieweit Gemeinsamkeiten bzw. Widersprüche zwischen den angegebenen Begründungen der verschiedenen Stellen bestehen;
— inwieweit es sich bei solchen Legitimationsgrundlagen wie Schaffung eines günstigen Innovationsklimas, Steigerung der Lebensqualität oder demokratische Legitimation der Innovationspolitik um präzise formulierte Konzepte handelt.

Im vierten Kapitel wird das Entscheidungssystem in den verschiedenen Phasen der Innovationsförderung betrachtet. Dies geschieht vor allem nach den strukturellen und strategischen Prinzipien, die das Entscheidungssystem der staatlichen Innovationspolitik in der BRD prägen. Unter dem strukturellen Aspekt wird insbes. analysiert, welche Erklärungen für die Dezentralisierungs- und Zentralisierungstendenzen im staatlichen Entscheidungssystem von den Befragten angegeben werden. Darüber hinaus wird die personelle Zusammensetzung der Entscheidungsgremien in verschiedenen Phasen beschrieben, um die Partizipationschancen bzw. -restriktionen in den Entscheidungsstrukturen aufzuzeigen. Unter dem strategischen Aspekt werden die Förderungskriterien bzw. die Entscheidungskriterien in der Innovationspolitik herausgearbeitet. Um die Zweckmäßigkeit dieser Kriterien beurteilen zu können, werden sie einerseits mit den Technologie- und Unternehmenstypen verglichen, die in der Innovationsforschung entwickelt worden sind; sie werden andererseits aber auch mit Erwartungen konfrontiert, die von der Seite der Unternehmen, Gewerkschaften und Betroffenen zu den staatlichen Innovationsstrategien bestehen.

Während sich diese Betrachtungen eher auf einzelne Aspekte des Entscheidungssystems konzentrieren, wird in der anschließenden Analyse der staatlichen Entscheidungsprozeß als Differenzierungsprozeß dargestellt, bei dem die verschiedenen Gruppen von Entscheidungsträgern bestimmte Rollen im innovationspolitischen Entscheidungsprozeß gemäß ihren Zielen und Strategien ausüben.

## 3. Legitimationsprobleme der Innovationsförderung

Wenn in der BRD eine Innovationsförderung trotz der bestehenden Marktwirtschaft, die als besonders innovationsfähig gilt[1], betrieben wird, so bedarf es hierfür einer besonderen Legitimation. Es soll daher in diesem Abschnitt untersucht werden, weshalb die zuständigen Stellen ihre Förderungsmaßnahmen zur Entwicklung und Einführung neuer Technologien in Unternehmen für notwendig halten. Da in der BRD die Zuständigkeit für Innovationsförderung bei verschiedenen Institutionen liegt, ist darüber hinaus zu prüfen, inwieweit die Begründungen einheitlich bzw. widersprüchlich sind.

In dieser Analyse der Legitimationsgrundlagen sollen jedoch nicht alle Institutionen, die an der Innovationsförderung beteiligt sind, einbezogen werden. Durch den Bezugsrahmen, der der vorliegenden Untersuchung zugrunde liegt, wird die Darstellung auf die Institutionen beschränkt, die explizit unterschiedliche Interessenorientierungen im Rahmen der Innovationsförderung vertreten. Dadurch werden insbes. die Legitimationsgrundlagen berücksichtigt,

— die aus der Sicht des Staates, der Gewerkschaften und der Industrie- und Handelskammer angeführt werden,
— die aus der Perspektive des überregionalen und regionalen Innovationsgeschehens angegeben werden,
— die in Form von Förderungsprogrammen festgelegt sind.

Durch diese Auswahl ist es möglich, evtl. vorhandene Unterschiede zwischen den Legitimationsmustern einzelner Institutionen kontrastierend zu erfassen. Es werden jedoch dadurch zwangsläufig einige Aspekte in den institutionellen Begründungen vernachlässigt. Das kann in Einzelfällen Überzeichnungen zur Folge haben. Dieser Nachteil wird jedoch, um zu einer Typisierung der Legitimationsmuster zu gelangen, in Kauf genommen.

### 3.1. Legitimationsgrundlagen der Bundesministerien

Höhe der zur Verfügung stehenden Mittel und Reichweite der Steuerungsmöglichkeiten lassen erkennen, daß die Innovationsförderung auf Bundesebene weitgehend von staatlichen Stellen vorgenommen wird. Für diesen Aufgabenbereich sind insbes. die folgenden Ministerien zuständig:

---

[1] Vgl. Littmann 1975, S. 43.

— Bundesministerium für Forschung und Technologie (BMFT)
— Bundesministerium für Wirtschaft, Referat für Technologie und Innovation (BMWi)
— Bundesministerium des Innern (BMI).

Die Stellungnahmen der drei Ministerien stimmen insoweit überein, als sie eine staatliche Innovationsförderung grundsätzlich für notwendig halten. Die staatliche Beeinflussung des gesamtgesellschaftlichen Innovationsgeschehens wird damit begründet, daß ein marktwirtschaftlich gesteuertes Wirtschaftssystem zwar besonders innovationsfähig sei, daß jedoch die Dezentralisierung von Innovationsentscheidungen nicht zur optimalen Wachstumssteigerung führt. Es müssen daher von den Bundesministerien zusätzliche Innovationsanreize geschaffen werden, damit es zu einer wachstumsorientierten Allokation gesellschaftlicher Innovationsressourcen kommt und somit die gegebenen gesellschaftlichen Möglichkeiten zur Erreichung eines optimalen materiellen Wohlstandes besser ausgenutzt werden können.

Die Stellungnahmen der Bundesministerien zur Innovationsförderung unterscheiden sich jedoch hinsichtlich der Steuerungsaufgaben und -maßnahmen, die sie in einer Marktwirtschaft für angebracht halten. Im folgenden sollen daher diese Unterschiede in den Legitimationsgrundlagen des BMFT, BMWi und BMI eingehender analysiert werden.

### *3.1.1. Marktorientierte Innovationspolitik*

Für die Innovationspolitik des BMWi scheint eine Förderungsorientierung, die auf wirtschaftliches Wachstum ausgerichtet ist, bestimmend zu sein. Dabei werden als wesentliche Voraussetzungen für die Erreichung einer hohen wirtschaftlich-technischen Fortschrittsrate angesehen, daß das Unternehmen das Zentrum der Innovation bildet, und daß zwischen den Wirtschaftseinheiten ein ausreichender Wettbewerb besteht[2]. Die produzierenden Industrien werden als Initiatoren von Innovationen betrachtet. Das BMWi hat es daher zu seinem erklärten Ziel gemacht, Anregungen zu technischen Neuerungen von der Industrie zu erhalten.

Wenn auch das BMWi davon ausgeht, daß die unternehmerische Innovationsleistung nicht durch die staatliche Administration ersetzt werden kann, so wird doch gesehen, daß die Innovationsfähigkeit und -bereitschaft von Unternehmen durch bestimmte Barrieren gehemmt werden können, deren Überwindung dem einzelnen Unternehmen ohne staatliche Maßnahmen nicht möglich ist. So wird die Innovationsförderung vom BMWi damit gerechtfertigt, daß es „legitime Aufgabe marktwirtschaftlicher Strukturpolitik (sei), durch Setzen von Incentives

[2] Vgl. Muttelsee 1970, S. 312.

in den Marktmechanismus dort einzugreifen, wo die Marktkräfte allein nicht ausreichen, die Anpassung an veränderte Wettbewerbsverhältnisse zu erleichtern und zukunftssichere Entwicklungen zu begünstigen"[3]. Das betrifft inbes. kleine und mittlere Unternehmen, für die Innovationsprozesse häufig ein zu großes technologisches und wirtschaftliches Risiko darstellen. Ihren Möglichkeiten, Risiken zu übernehmen, werden durch den Zwang zur Gewinnerzielung Grenzen gesetzt[4]. Damit solche Barrieren, die die Ausschöpfung des unternehmerischen Innovationspotentials hemmen, abgebaut werden, verfolgt das BMWi mit dem Erstinnovationsförderungsprogramm das Ziel, gemäß dem Subsidiaritätsprinzip Hilfe zur Selbsthilfe zu leisten. Eine solche Unterstützung erfolgt in Form einer direkten staatlichen Risikobeteiligung, wobei als Auswahlkriterium neben dem Neuheitsgrad und dem Risikograd insbes. die Bedürftigkeit eines Unternehmens berücksichtigt wird.

Nur soweit derartige Innovationsbarrieren in der Industrie bestehen, hält das BMWi eine direkte Innovationsförderung für berechtigt. Grundsätzlich wird jedoch der indirekten Förderung der Vorzug gegeben, um auf diese Weise ein günstiges gesamtwirtschaftliches Klima für Innovationen zu schaffen. Wenn auch die Operationalisierung dieser Zielsetzung nach Auffassung des BMWi schwierig ist, so wurden dennoch einige Einflußfaktoren genannt, die für die Bestimmung des Innovationsklimas als besonders wichtig erscheinen. Dazu gehören:

(1) die gesamtwirtschaftliche Lage: während des konjunkturellen Abschwungs sinkt im allgemeinen das Interesse an der Übernahme und Auswertung technischer Neuerungen. Die Konjunkturpolitik wird daher im BMWi als Instrument zur Beeinflussung des Innovationsklimas angesehen. Entsprechendes gilt für andere indirekte Maßnahmen wie Steuerpolitik, Wettbewerbspolitik und Steuerrecht;

(2) die branchenspezifische Situation. Das Innovationsklima wird auch davon beeinflußt, ob es sich um einen expandierenden oder rückläufigen Wirtschaftszweig handelt;

(3) die Wettbewerbssituation und damit auch die Wettbewerbspolitik, soweit sie sich auf die Verhinderung von Angebots- und Nachfragemonopolen erstreckt;

(4) die Genehmigungsentscheidungen, durch die festgelegt wird, ob von einer Innovation in der geplanten Weise Gebrauch gemacht werden darf. Hierzu gehört ebenso das Einverständnis technisch-wissenschaftlicher Prüfstellen wie die Vereinbarkeit mit den geltenden

---

[3] Rüdt von Collenberg 1976, S. 96.

[4] Vgl. Rüdt von Collenberg 1974, S. 232.

Normen des technischen Rechts, z. B. der vor kurzem in Kraft getretenen TA Luft.

Eine derartige Innovationspolitik ließe sich überspitzt formuliert auf die einfache These bringen, daß eine wirksame Wirtschaftspolitik die beste Innovationspolitik ist[5]. Ob von derartigen klimatischen Randbedingungen für die Unternehmen tatsächlich ein Anreiz zu Innovationsentscheidungen ausgeht, läßt sich nach Meinung des BMWi nicht eindeutig feststellen. Die Wirkung anderer Variablen, die das unternehmerische Innovationsgeschehen bestimmen können, bleibt außerhalb des staatlichen Einflußbereiches, wenn er sich, wie es das BMWi tut, auf die Beeinflussung der gesamtwirtschaftlichen Ausgangsbedingungen für den Ablauf von Innovationsprozessen beschränkt. Trotz dieser einschränkenden Überlegungen zur Wirksamkeit wirtschaftspolitischer Maßnahmen ist man im BMWi davon überzeugt, daß eine Wettbewerbswirtschaft ein innovationsfreundliches Klima schafft, in dem allerdings auch unerwünschte Innovationen gedeihen können. Daher werden im BMWi Überlegungen angestellt, ob nicht die indirekte Innovationssteuerung zugunsten einer direkten Förderung, die gezielter wirken kann, eingeschränkt werden soll.

### *3.1.2. Technologie-orientierte Innovationspolitik*

Eine marktnahe Innovationsförderung führt allzu leicht dazu, daß die gesellschaftlichen Bedürfnisse zugunsten kurzfristiger wirtschaftlicher Zielsetzungen vernachlässigt werden. In sozialwissenschaftlichen Untersuchungen wird auf die möglichen Folgen einer solchen Politik hingewiesen, die aufgrund der kurzfristigen Innovationsziele langfristig zu Fehlsteuerungen führen können und somit die Realisierung einer optimalen Wohlstandssteigerung gefährden. Dazu gehören insbesondere:

— „externe Effekte der Produktion und des Konsums,

— Nichtberücksichtigung sozialer und humanitärer Standards,

— Unterschiede zwischen privatwirtschaftlichem und gesamtwirtschaftlichem Zeithorizont"[6].

Derartige Folgewirkungen von marktgesteuerten Innovationsprozessen bilden die wesentliche Legitimationsgrundlage, mit der das BMFT seine Innovationspolitik begründet. „Eine Vermeidung von Fehlentwicklungen und Folgeschäden des technischen Fortschritts gehört ebenso dazu wie die frühzeitige Erkennung von Engpässen, wie etwa in der Energieversorgung"[7]. Die Beachtung dieser Zusammenhänge erfordert

[5] Diese These wird u. a. auch von A. Cairncross (1972) vertreten.

[6] Littmann 1975, S. 52.

[7] Hauff 1974, S. 19.

es, daß die Innovationspolitik nicht nur die Wirtschaft als isoliertes Teilsystem, sondern die Gesellschaft als komplexes interdependentes Gesamtsystem betrachtet. Da das BMFT mit einem derartigen Systemansatz die Grundlage seiner Innovationsentscheidungen rechtfertigt, sieht das Ministerium es als seine Aufgabe an,

— gesellschaftliche Entwicklungstendenzen zu analysieren, die die entscheidenden Randbedingungen für eine Ziel- und Programmplanung darstellen;
— alternative Ziele gegeneinander abzuwägen und Zielprioritäten festzulegen;
— auf den effizienten Einsatz knapper Ressourcen für allgemein priorisierte Ziele zu achten;
— die möglichen Folgewirkungen alternativer Ziel-Mittel-Kombinationen bei der Selektion von Innovationsprojekten einzubeziehen[8].

Eine derart komplexe Systemanalyse bedeutet zugleich, daß die Rate des wirtschaftlichen Wachstums nicht mehr als Kriterium zur Beurteilung der technisch-sozialen Entwicklung ausreicht[9]. Die gesellschaftsbezogene Innovationspolitik muß auch nicht-ökonomische Variablen berücksichtigen, die in die volkswirtschaftliche Gesamtrechnung, das Kontrollinstrument für Wirtschaftswachstum, nicht eingehen. Erst durch die Entwicklung eines Systems sozialer Indikatoren wird es möglich, die Effizienz und den Erfolg der staatlichen Innovationspolitik im Hinblick auf die angestrebten sozialen Ziele zu überprüfen[10]. Im Gegensatz zu dem früher verfolgten Ziel des Wirtschaftswachstums wird die gegenwärtige Innovationspolitik nach dem umfassenden Wohlstandsindikator „Lebensqualität" beurteilt, dessen Maßzahlen im einzelnen noch zu bestimmen sind[11].

Eine solche Innovationspolitik des BMFT kommt der in der Literatur genannten Funktionsbestimmung des Staates nahe, die ihn als Planungs- und Steuerungsinstanz für die gesellschaftliche Entwicklung darstellt. Dabei entsteht für das BMFT insbes. die Schwierigkeit, in einem dezentralisierten Wirtschaftssystem, in dem die Entscheidungen für die Entwicklung und Einführung neuer Technologien aufgrund des kurzfristigen Innovationsklimas getroffen werden, langfristige gesamtgesellschaftliche Ziele in der technologischen Entwicklung durchzusetzen. Wegen dieser starken Zieldivergenz sieht sich das BMFT legitimiert, zunehmend die wirtschaftlichen Entscheidungsprozesse durch programm- und zielbezogene Förderung zu steuern. Gegen diese Innovationspolitik, die von Überlegungen zur gesamtgesellschaftlichen Pla-

[8] Vgl. Myrdal 1934, S. 305 ff.
[9] Vgl. Krupp 1974, S. 370 ff.
[10] Vgl. Hauff 1974, S. 19.
[11] Vgl. Krupp 1974, S. 371 ff.

nung geleitet wird, könnte eingewandt werden, daß sie die Industrie zum Erfüllungsgehilfen staatlicher Innovationsprogramme macht. Diesem Einwand steht die Auffassung gegenüber, daß der Staat auch bei einem stärkeren Eingriff in das ökonomische System nicht eine unabhängige Steuerungsinstanz darstellt, sondern daß staatliche Interventionen letzten Endes „verwertungsinstrumentelle Leistungen eines Nicht-Kapitalisten (sind), der den gesamtkapitalistischen Willen vikarisch durchsetzt[12]". Gegen eine derartige Kritik an der starken Innovationsförderung der Industrie durch den Staat wird vom BMFT geltend gemacht, daß es sich hierbei um eine ideologisch gefärbte Argumentation handelt; denn wegen der weltwirtschaftlichen Wettbewerbsstrukturen bestehe ohnehin eine Tendenz zur gemischten Wirtschaft Außerdem wird darauf hingewiesen, daß der Staat seine Innovationspolitik nicht nur im Interesse der Wirtschaft formuliert, sondern zunehmend die Interessen der Öffentlichkeit einbezieht. „Forschungspolitik muß sich demokratisch legitimieren durch einen kritischen Dialog nicht nur mit den Beteiligten und Begünstigten, sondern vor allem auch mit den Betroffenen ihrer Entscheidung[13]". Dadurch scheint der zusätzliche Legitimationsbedarf, der durch die Ausweitung staatlicher Aufgaben im Bereich der Innovationspolitik hervorgerufen wird, mit demokratischen Mitteln befriedigt zu werden. Inwieweit der Anspruch, eine bürgernahe Innovationspolitik zu betreiben, erfüllt wird, kann an drei Kriterien gemessen werden:

(1) an dem Ausmaß der gesamtgesellschaftlichen Interessensvertretung, das der Staat bei der Bestimmung des gesellschaftlichen Bedarfs wahrnimmt;

(2) an dem Grad der Transparenz staatlicher Innovationsentscheidungen;

(3) an dem Zeitpunkt, zu dem einzelne gesellschaftliche Gruppen ihre Interessen im Rahmen des staatlichen Innovationsentscheidungsprozesses einbringen können.

In einer Untersuchung, die die staatlichen und öffentlichen Präferenzordnungen für die Forschungs- und Technologiepolitik gegenüberstellt, kommen Krauch und Vollmann zu dem Ergebnis, daß staatliche Stellen in Industrienationen die entfremdeten Technologien stärker präferieren, d. h. solche Technologien, die außerhalb der gesellschaftlichen Konfliktbereiche liegen und der ökonomischen sowie militärischen Machtausweitung dienen, während sie sozial orientierte Technologien in geringerem Maß fördern[14]. In der öffentlichen Präferenzskala werden dagegen die sozialorientierten gegenüber den entfremdeten

[12] Habermas 1975, S. 75.
[13] Hauff 1974, S. 16.
[14] Vgl. Krauch / Vollmann 1972.

Technologien vorgezogen. Gegen dieses Ermittlungsverfahren, das die Zielvorstellungen für eine bürgernahe Innovationspolitik durch Befragung der breiten Öffentlichkeit gewinnt, wendet sich das BMFT mit dem Argument, daß viele gesellschaftliche Gruppen zu unqualifiziert sind, um die Forschungswürdigkeit neuer Technologien beurteilen zu können. Sie sind vielmehr der Meinung, daß die öffentlichen Interessen in der Konsensusbildung über innovationspolitische Ziele am besten vom Parlament wahrgenommen werden. „Ohne das Parlament — oder etwa an ihm vorbei — ist der Dialog über Forschungspolitik nicht organisierbar und vor allem nicht demokratisch legitimiert[15].“ Andererseits wird anerkannt, daß die nicht-institutionalisierte Öffentlichkeit durch eine zu geringe Informiertheit aus dem politischen Entscheidungsprozeß über Innovationsvorhaben ausgeschaltet werden kann. Daher unternimmt das BMFT eine verstärkte Öffentlichkeitsarbeit, die die Transparenz von gesamtgesellschaftlichen Innovationsentscheidungen erhöhen soll. Eine umfangreiche Informationspolitik betrachtet das BMFT als entscheidende Voraussetzung für eine sachgerechte Teilnahme der Öffentlichkeit am Entscheidungsprozeß. Die Möglichkeit der öffentlichen Einflußnahme auf die staatliche Innovationspolitik hängt allerdings nicht nur von der Informiertheit über technologische Zusammenhänge ab, sondern auch von der Art, wie die Partizipationschancen der einzelnen gesellschaftlichen Gruppen organisatorisch abgesichert sind. Zur inhaltlichen Ausgestaltung der Innovationsprogramme nimmt das BMFT Kontakte insbes. zu den Unternehmen auf, von denen man erwartet, daß sie forschungsrelevante Fragestellungen bearbeiten. Dabei geht man von der Annahme aus, daß die Unternehmen am besten über wichtige technologische Entwicklungstrends Auskunft geben können. In diesen Beratungsgesprächen werden die globalen Ziel- und Programmvorstellungen zur Förderung neuer Technologien vorformuliert. Weiterhin wird die wissenschaftliche Beratung in Form von Sachverständigengremien eingeholt. In dieser Entscheidungsphase der staatlichen Innovationspolitik wird der Beitrag der breiten Öffentlichkeit vor allem darin gesehen, den programmatischen Innovationsabsichten durch eine gezielte Unterstützung zu einem schnellen Durchbruch zu verhelfen. Problematisch an dieser Organisationsform der Beteiligung ist insbes., daß die Berater aus der Industrie und Wissenschaft gleichzeitig potentielle Antragsteller und damit auch Geldnehmer sind. Die Nachteile dieser Beratungsform werden zusätzlich noch dadurch verstärkt, daß die Zusammensetzung der Beratergruppe, die relativ homogen und gleichbleibend ist, einer pluralistischen Zielformulierung entgegenwirkt[16]. Diese Schwächen des politischen Entscheidungsprozesses zur Bestimmung von Innovationsprogrammen werden

[15] Hauff 1974, S. 15.

[16] Vgl. Hauff 1974, S. 13.

nur zum Teil durch die parlamentarische Kontrolle aufgehoben[17]. Solange der Beratungsprozeß nicht flexibler und offener gestaltet wird, ist der Anspruch auf eine demokratische Legitimation der Innovationsprogramme noch nicht erfüllt. Es bestehen gegenwärtig allerdings noch keine genauen Vorstellungen darüber, wie die breite Öffentlichkeit in den Prozeß der Konsensusbildung einbezogen werden kann.

Eine weitere Benachteiligung der Öffentlichkeit in den Durchsetzungsmöglichkeiten ihrer Innovationsinteressen ergibt sich dadurch, daß sie die Vergabe von F- und E-Aufträgen wenig beeinflussen kann. Nahezu ohne Einfluß ist die Öffentlichkeit auch auf den unternehmensinternen Prozeß der Innovationsentwicklung. Deshalb wird von verschiedenen Autoren gefordert, durch Gesetze auf die Unternehmensorganisation in der Form einzuwirken, daß Konsumentengruppen Vorschläge und Kritik einbringen können[18].

Den größten Einfluß kann die Öffentlichkeit nach Meinung des BMFT in der Einführungsphase von neuen Technologien am Markt nehmen, indem sie bestimmten Technologien wie der Kernkraftnutzung ablehnend gegenübersteht. Es muß allerdings bezweifelt werden, ob zu Beginn des Diffusionsprozesses einmal gefaßte Innovationsentscheidungen noch revidiert oder sogar rückgängig gemacht werden können, da durch die Länge des Innovationsprozesses und durch die Kosten ein Innovationszwang entsteht. Da in der Innovationspolitik selten alternative technologische Lösungen parallel gefördert werden, würden mit der Ablehnung von Innovationen in der Diffusionsphase Versorgungskrisen und Wachstumsverluste eintreten. Einer gezielten Förderung konkurrierender Technologien, die den Entscheidungsspielraum der Öffentlichkeit vergrößern würde, steht allerdings ein erheblicher finanzieller Mehraufwand gegenüber.

### *3.1.3. Rechtsorientierte Innovationspolitik*

Die BMI-Kompetenz im Rahmen staatlicher Innovationspolitik besteht in der gesetzgeberischen Zuständigkeit für den Umweltschutz: es sollen Gesetze formuliert werden für die Umweltbereiche Wasser, Luft, Abfall, Lärm und Strahlenschutz. Für diese rechtsnormenorientierte Innovationspolitik ergeben sich zwei Ansatzpunkte, um Innovationen zu fördern:

(1) Die gesetzlichen Auflagen und Immissionsnormen werden so streng formuliert, daß ein Innovationszwang entsteht.

---

[17] Vgl. Koch 1972.

[18] Vgl. Fleischmann 1972, S. 44; Freeman 1974, S. 300 ff.; Hinz 1976, S. 624 f.

(2) Die Gesetze werden so angelegt, daß es aus wirtschaftlichen Erwägungen vorteilhafter wird, Innovationen durchzuführen (Innovationsanreiz).

Gesetzgebung als Instrument der Innovationssteuerung wird nur insoweit als gerechtfertigter Eingriff in die unternehmerischen Innovationsentscheidungen angesehen, wie dadurch der Markt als Selektionsmechanismus nicht grundsätzlich in Frage gestellt wird. Das BMI geht also davon aus, daß die Industrie Umweltprobleme prinzipiell mit marktwirtschaftlichen Mitteln lösen kann, soweit sie bereit ist, den durch die Gesetzgebung vorgegebenen normativen Orientierungsrahmen zu erfüllen. „Die Industrie wird ihre Autonomie auch in einem marktwirtschaftlichen System nur in dem Maße in Zukunft behaupten können, in dem sie sich als Partner gesamtgesellschaftlicher Planung ausweist[19].“

Ein Eingriff in den Markt-Preis-Mechanismus wird vom BMI für notwendig gehalten, weil sich in den Marktpreisen nur die aktuelle Knappheit der in einer Gesellschaft zur Verfügung stehenden Ressourcen widerspiegelt, nicht dagegen das künftig zu erwartende Knappheitsverhältnis. Da derart langfristige Entwicklungen weder für die Produzenten noch für die Konsumenten überschaubar sind, muß der durch dezentralisierte Innovationsentscheidungen bestimmte Wachstumsprozeß durch staatliche Zielvorgaben korrigiert werden. Um die Funktionsfähigkeit des Öko-Systems langfristig aufrechtzuerhalten, wird die Einrichtung einer umfassenden ökologischen Buchführung auf einzel- und gesamtwirtschaftlicher Ebene erforderlich, mit der die Veränderungen von ökologischen Eckwerten im Zeitablauf kontinuierlich verfolgt werden können. Mit diesem ökologischen Rechnungssystem werden die Umweltschäden, die sich aus Produktion und Konsumption ergeben, als Kosten erfaßt und können nach dem Verursacherprinzip demjenigen zugerechnet werden, auf den die Umweltschäden zurückgehen. „Erst auf Grund einer solchen genauen ökologischen Buchführung können die umweltpolitisch richtig dosierten Maßnahmen gemeinsam von Wissenschaft, Wirtschaft und Staat definiert und dann auch durchgeführt werden[20].“ Umweltverträglichkeit muß somit als ein weiteres Zielkriterium bei einzelwirtschaftlichen Innovationsentscheidungen Berücksichtigung finden. Eine derartige Auflage bei der Selektion von Innovationsprojekten kann zu einer Kostensteigerung umweltfeindlicher Produktionsverfahren und Produkte führen, die jedoch intendiert ist, da sie umweltfreundlichere Verbrauchsgüter und Technologien rentabler werden läßt und somit zu einer Umlenkung der knappen Ressourcen führt[21].

---

[19] Mencke-Glückert 1974, S. 205.
[20] Mencke-Glückert 1974, S. 205.

Eine umweltbewußte Innovationspolitik kann nach Meinung des BMI nicht allein auf gesetzgeberische Maßnahmen, die die ökologischen Randbedingungen für unternehmerische Technologieentscheidungen setzen, beschränkt bleiben; sie muß vielmehr die breite Öffentlichkeit als Entscheidungsträger in den gesamten Planungsprozeß zur Festlegung ökologischer Grenzen für Innovationsprozesse einbeziehen. Dabei ist sich das BMI der relativ schwachen Position insbes. der Umweltbetroffenen und -geschädigten durchaus bewußt. Aus dieser Einsicht ergibt sich eine Funktionsbestimmung, die es sich zur Aufgabe setzt, „die meist schwächere Partei der Umweltbetroffenen und -geschädigten auf jede nur mögliche Weise in ihrer Position (zu) stärken“[22]. In diesem Zusammenhang werden eine umweltorientierte Verbraucheraufklärung und Berufsbildung sowie die Unterstützung privater Initiativen als adäquate Strategien betrachtet[23]. In sozialwissenschaftlichen Untersuchungen wird jedoch bestritten, daß derartige Aufklärungsstrategien für die Öffentlichkeit wirksame Einflußmöglichkeiten auf die normative Regulierung des technischen Fortschritts gestatten. So weist Offe darauf hin, daß diese staatlichen Informationskampagnen eine Informiertheit der Öffentlichkeit vortäuschen, die „die Asymmetrie von Planungsprozessen und Einflußchancen geschickt verbirgt und im Effekt lediglich zum Konsum der angebotenen Information auffordert[24]“. Die Möglichkeiten des BMI, weitergehende Partizipationschancen für die Öffentlichkeit normativ zu institutionalisieren, stoßen jedoch auf Grenzen, die sich aus der grundsätzlichen Anerkennung der unternehmerischen Entscheidungsautonomie durch das Ministerium ergeben. In der umweltorientierten Innovationspolitik werden die Schwierigkeiten einer integrativen Interessensregulierung deutlich, die den Versuch des BMI, normative Innovationssteuerung demokratisch zu legitimieren, nur begrenzt realisierbar erscheinen lassen[25]. Diese Legitimationsproblematik wird insbes. bei den Genehmigungsentscheidungen zur Einführung neuer Energietechnologien sichtbar. Gerade in diesem Bereich geraten die Promotorenrolle des Staates in der technologischen Entwicklung und seine Rolle als Advokator für die Interessen der Umweltbetroffenen und -geschädigten in Konflikt. Eine wirksame Berücksichtigung der Interessen der lokalen Öffentlichkeit bei der Durchsetzung von Innovationen könnte dazu führen, daß sich das einzelwirtschaftliche Risiko von Neuerungen vergrößert in dem Maße, in dem die Innovationsent-

[21] Ebenda, S. 202 f.

[22] Ebenda, S. 205.

[23] Ebenda.

[24] Offe 1975, S. 148. Der Einsatz von Informationsmaßnahmen über Kernenergie soll vor allem die Akzeptanz der Technologie durch die Öffentlichkeit bewirken, nachdem die Innovationsentscheidung bereits getroffen ist.

[25] Vgl. Mayntz 1972, S. 341 ff.

scheidungen des ökonomisch-politischen Systems rückgängig gemacht werden können.

## 3.2. Legitimationsgrundlagen der regionalen Innovationsförderung

In der BRD zeichnet sich gegenwärtig eine zunehmende Tendenz zur Regionalisierung der Innovationsförderung ab. Dieser Trend zeigt sich einerseits in der Entwicklung neuer Förderungsprogramme auf der Ebene der Bundesländer. Hierfür sollen beispielhaft zwei Programme erwähnt werden: (1) das „Technologie-Programm Energie“ von Nordrhein-Westfalen und (2) das „Programm zur Förderung der wirtschaftsnahen Forschung und der technischen Entwicklung (Innovationsförderungsprogramm)“, das das Ministerium für Wirtschaft, Mittelstand und Verkehr Baden-Württemberg 1976 verabschiedete[26]. Andererseits wird die Regionalisierung der Innovationspolitik aber auch deutlich durch die Planung und Einführung von Innovationsberatungsstellen. Die neuen Serviceeinrichtungen der Industrie- und Handelskammern sowie das von der IG Metall vorgeschlagene IBS-Konzept können als wichtige Beiträge zur regionalen Innovationsförderung betrachtet werden[27].

Es stellt sich daher die Frage, wie die verschiedenen Institutionen den von ihnen initiierten Trend zur Regionalisierung der Förderungsmaßnahmen begründen und welche besonderen Ansatzpunkte sie für die Entwicklung neuer Technologien für gerechtfertigt halten. Die Analyse der Legitimationsgrundlagen soll anhand der Stellungnahmen, die von seiten der Landesministerien, der Gewerkschaften sowie der Industrie- und Handelskammern vorliegen, vorgenommen werden.

Im Innovationsförderungsprogramm von Baden-Württemberg wird die Arbeitsteilung zwischen Bund und Ländern im Bereich der Innovationsförderung aus folgenden Gründen für zweckmäßig gehalten:

— Da die Innovationsförderung des Bundes lückenhaft ist und die Mittel des Erstinnovationsförderungsprogramms vom BMWi nicht ausreichen, muß das Land zusätzliche Maßnahmen ergreifen[28]. Die Bundesministerien tragen insbes. den Innovationsbarrieren, die in kleinen und mittleren Unternehmen in einzelnen Regionen bestehen, nicht genügend Rechnung. Die Beseitigung dieser Barrieren wird

[26] Vgl. Ministerium für Wirtschaft, Mittelstand und Verkehr Nordrhein-Westfalen 1973; Ministerium für Wirtschaft, Mittelstand und Verkehr Baden-Württemberg 1976.

[27] Eine Beschreibung der Technologietransferstellen der Industrie- und Handelskammer findet sich bei Mies (1977) und bei Schumacher (1977). Das IBS-Konzept der IG-Metall ist insbes. von Hinz (1976) ausführlich dargestellt worden.

[28] Vgl. Ministerium für Wirtschaft, Mittelstand und Verkehr Baden-Württemberg 1976, S. 10.

daher als wichtiger Ansatzpunkt für die regionale Innovationsförderung betrachtet[29].

— Der unzureichende Technologietransfer zwischen Wissenschaft und Wirtschaft bildet häufig eine entscheidende Innovationsbarriere in mittleren und kleinen Unternehmen. Im Gegensatz zu den Bundesministerien verfügen die Landesministerien durch ihre Ortsnähe über bessere Möglichkeiten zur Intensivierung des Informationsflusses. Das ergibt sich zum einen aus der Zuständigkeit der Länder für die Forschungseinrichtungen in ihrem Bereich und zum anderen aus der besseren Kenntnis der regionalen Probleme der mittelständischen Wirtschaft[30].

— Die Wettbewerbsposition der BRD in der Weltwirtschaft ist im starkem Maße vom Export hochwertiger Technologien abhängig. Die internationale Wettbewerbsfähigkeit ist jedoch durch das höhere Lohnniveau in der BRD und die veränderten Wechselkurse gefährdet. Außerdem ist die wirtschaftliche Entwicklung in der BRD durch geringeres Wachstum, Strukturwandel und einen verstärkten Bedarf an Arbeitsplätzen gekennzeichnet[31]. Wegen dieser gesamtwirtschaftlichen Probleme werden besondere Innovationsförderungsmaßnahmen von Bund und Ländern für notwendig gehalten. Die Bundesregierung sollte daher die Aufgabe übernehmen, günstige wirtschaftliche Rahmenbedingungen für die Einführung neuer Technologien zu schaffen. Die Bundesländer sollten sich dagegen verstärkt um eine Verbesserung des regionalen Innovationsklimas bemühen[32]. Nur so kann die BRD auch künftig ihre internationale Wettbewerbsposition erhalten bzw. verbessern.

Ähnliche Begründungen wurden auch von den anderen Landesministerien in den Interviews gegeben. Aus den aufgezeigten Innovationsproblemen und -zielen geht hervor, daß die Landesministerien die von ihnen verfolgte regionale Innovationsförderung vor allem mit zwei Gründen legitimieren: (1) mit dem Abbau bestehender Innovationsbarrieren in mittleren und kleineren Unternehmen und (2) mit der Erhaltung und Steigerung der internationalen Wettbewerbsfähigkeit. Im Innovationsförderungsprogramm von Baden-Württemberg heißt es daher auch: „So verstanden ist die vorgesehene Förderung der Innovationen in der Wirtschaft gleicher Weise arbeitsplatzschaffende und -sichernde Strukturpolitik und zukunftsgerichtete Mittelstandspolitik[33].“

---

[29] Vgl. Ministerium für Wirtschaft, Mittelstand und Verkehr Baden-Württemberg 1976, S. 11 f.

[30] Ebenda, S. 10 ff.

[31] Ebenda, S. 3 ff.

[32] Ebenda, S. 14.

[33] Ministerium für Wirtschaft, Mittelstand und Verkehr Baden-Württemberg 1976, S. 2.

Neben den Innovationsförderungsprogrammen haben insbes. die Länder Baden-Württemberg und Nordrhein-Westfalen neue Energieprogramme entwickelt[34]. In den Interviews wurde die Energiekrise im Winter 1973 als entscheidende Zäsur in der regionalen Energiepolitik bezeichnet. Die Landesministerien sahen sich dadurch gezwungen, die bisherigen Förderungskonzeptionen an die veränderte Energiesituation anzupassen. „Aus der Perspektive des Überflusses ist die Energiepolitik in die Perspektive der Begrenzung getreten[35].“ Die veränderte Situation wird als Hauptgrund für mehrere Programmänderungen angeführt, die im folgenden kurz wiedergegeben werden sollen.

Die Umorientierung in den Zielsetzungen stellt die wichtigste Veränderung dar. Zusätzlich zu den traditionellen Zielen der Energiepolitik wie ausreichende und sichere Energieversorgung sollen neue Ziele wegen der Auslandsabhängigkeit und dem steigenden Energieverbrauch berücksichtigt werden[36]. Dazu gehören ein sparsamer Energieverbrauch, Umweltverträglichkeit der Energieerzeugung und -verwendung sowie die stärkere Nutzung einheimischer Energiereserven. So wurden in Nordrhein-Westfalen bis 1973 die folgenden Ziele im Bergbau verfolgt:

— die Erhaltung der Kohle als heimische Energiequelle;
— Schaffung neuer Absatzmärkte für Kohle;
— Erhaltung der Wettbewerbsfähigkeit der Kohle im Verhältnis zu anderen Energiequellen.

Seit der Ölkrise haben sich diese Zielprioritäten insofern gewandelt, als

— der heimischen Kohle eine größere Bedeutung beigemessen wird,
— die Kohleförderung verstärkt worden ist,
— neue Technologien in Angriff genommen wurden, um umweltfreundliche Substitute für Mineralöl zu gewinnen. Auch im Bereich der Sekundärenergie soll die Wettbewerbsposition der Kohle verbessert werden[37].

Eine zweite Veränderung des Energieprogramms bezieht sich darauf, daß die angegebenen Ziele gleichzeitig verfolgt werden sollen. Das führt zu Zielkonflikten, die insbes. zwischen einer ausreichenden Energieversorgung und dem Grundsatz einer möglichst geringen Umweltbelastung bestehen. Solche Zielkonflikte werden nicht nur als partielle Widersprüche, sondern als grundlegende Unvereinbarkeiten beurteilt.

---

[34] Vgl. das Energieprogramm des Landes Baden-Württemberg vom 2. 7. 1974 und das Technologieprogramm Energie, das vom Minister für Wirtschaft, Mittelstand und Verkehr 1974 herausgegeben wurde.

[35] Energieprogramm von Baden-Württemberg, 2. 7. 1974, S. 1.

[36] Dass., S. 1 ff. und S. 31 ff.

[37] Vgl. dazu die Angaben vom Minister für Wirtschaft, Mittelstand und Verkehr von Nordrhein-Westfalen 1974, S. 9 f.

Im Gegensatz zu früher können sie nicht mehr dadurch gelöst werden, daß nur ein Ziel verfolgt wird. Vielmehr muß künftig die optimale Lösung für alle angegebenen energiepolitischen Ziele angestrebt werden[38].

Die dritte Programmänderung umfaßt die Wichtigkeit und Dringlichkeit von energiepolitischen Maßnahmen auf Landesebene. Dazu wird die folgende Begründung gegeben: „Die Konzentration von Menschen, Arbeitsstätten und Infrastruktureinrichtungen und ein entsprechender Energieeinsatz führen dort zusammen mit anderen Belastungsfaktoren zu Umweltbelastungen, die nicht nur Analysen und Untersuchungen, sondern bereits heute Maßnahmen der Gegensteuerung erforderlich machen[39].“

Die vierte und letzte Programmänderung kann darin gesehen werden, daß eine stärkere staatliche Planung im Energiebereich für notwendig gehalten wird, um künftige Energiekrisen in der BRD zu vermeiden. „Die Energiepolitik gehört ... als Infrastrukturpolitik in den Bereich staatlicher Vorsorge und Vorausplanung, sie sollte nicht nur dem freien Spiel der Kräfte überlassen bleiben[40].“

In ähnlicher Weise wie die Landesministerien begründen die Industrie- und Handelskammern (LHK) von Rheinland-Pfalz die Notwendigkeit ihrer regionalen Förderungsmaßnahmen. Die erst kürzlich gegründete Beratungsstelle für Innovation und Technologie-Transfer (BITT) wird damit gerechtfertigt, daß diese Stelle die Innovationsbarrieren in der mittelständigen Wirtschaft verringern kann und dadurch zur Erhaltung der Wettbewerbsfähigkeit beiträgt[41]. Die Innovationsbarrieren sind nach Mies nicht nur durch die Finanzierungs- und Technologietransferschwierigkeiten gegeben, sondern sie entstehen auch durch die unzureichende Informiertheit der Unternehmen[42]. Das geht jedenfalls aus den Ergebnissen einer Untersuchung hervor, die die Industrie- und Handelskammer von Rheinland-Pfalz durchführte. Es wurde nämlich festgestellt, daß in diesem Bundesland nur ungefähr ein Fünftel der Unternehmen die Förderungsmaßnahmen des Bundes genauer kannte[43].

Noch ausführlicher geht Schumacher auf die regionalen Probleme der Innovationsförderung ein. Als einschneidende regionale Defizite be-

[38] Vgl. dazu das Energieprogramm von Baden-Württemberg vom 2. 7. 1974, S. 2.

[39] Energieprogramm des Landes Baden-Württemberg vom 2. 7. 1974, S. 3.

[40] Der Minister für Wirtschaft, Mittelstand und Verkehr des Landes Nordrhein-Westfalen 1974, Vorwort.

[41] Vgl. Industrie- und Handelskammer von Rheinland-Pfalz o. J.

[42] Vgl. Mies 1977.

[43] Vgl. Industrie- und Handelskammer zu Koblenz 1975, S. 12.

trachtet er dabei die folgenden Innovationsbedingungen für Unternehmen:

(1) die fehlende wissenschaftlich-technische Infrastruktur

(2) die weite Entfernung zu zentralen Einrichtungen wie z. B. Datenbanken

(3) die nicht auf Innovationsprobleme ausgerichtete regionale Wirtschaftspolitik

(4) die Rekrutierungsschwierigkeiten bei wissenschaftlich-technischen Arbeitskräften

(5) die Innovationsförderung des Bundes, die nicht auf die besonderen Innovationsprobleme einer Region abgestimmt ist

(6) die geringen demand pull- und technology push-Wirkungen in einzelnen Regionen

(7) der geringe Wissens- und Technologietransfer zwischen den Sektoren Wissenschaft, Wirtschaft und Politik[44].

Die Innovationsberatungsstellen der Industrie- und Handelskammern werden daher als notwendige Serviceeinrichtungen betrachtet, die zur Beseitigung regionaler Innovationsprobleme beitragen können. Die Konzentration dieser Stellen auf relativ kleine Gebiete — eine Region umfaßt dabei die Kammerbezirke der Industrie- und Handelskammer — soll gewährleisten, daß sich die zuständigen Innovationsberater intensiv um die Lösung der Technologieprobleme einzelner mittelständischer Unternehmen bemühen können.

Von seiten der Gewerschaften ist ein Konzept für Innovationsberatungsstellen (das sog. IBS-Konzept) vorgeschlagen worden. Diese Stellen können insofern als alternative Einrichtungen betrachtet werden, als sie sich von den bestehenden regionalen Förderstellen in folgender Weise abheben. Einmal unterscheiden sie sich von solchen Einrichtungen wie z. B. dem Labor für Systemtechnik, das vier Unternehmen der Uhrenindustrie mit Hilfe des BMFT als Informations- und Ausbildungsstelle für spezielle Technologie gründen wollen. Nach den Vorstellungen der IG Metall sollen sie sich nämlich nicht auf eine Technologie beschränken, sondern auf die branchen- und betriebsgrößenspezifischen Innovationsprobleme in verschiedenen Regionen und Bundesländern konzentrieren. Durch eine derartig umfassende Zuständigkeit soll erreicht werden, daß die Auswirkungen branchenspezifischer Innovationsprobleme im Zusammenhang mit anderen Wirtschaftsbereichen gesehen werden[45]. Zum anderen unterscheidet sich das IBS-Konzept von den Förderungsprogrammen der Landesministerien und der IHK dadurch, daß bei diesem Konzept der IG Metall die Innova-

[44] Vgl. Schumacher 1977.

[45] Vgl. Hinz 1976, S. 618.

tionsinteressen der Arbeitnehmer in stärkerem Maße berücksichtigt werden. Im Gegensatz zu den staatlichen und unternehmerischen Programmen werden die Innovationsinteressen der Arbeitnehmer nicht allein auf Maßnahmen zur Beseitigung von drohenden bzw. bestehenden Arbeitsplatzdefiziten beschränkt. Vielmehr werden sie auch in bezug auf die Erweiterung der Partizipationsmöglichkeiten im Rahmen von unternehmerischen Innovationsentscheidungen gesehen. Verstärkte Mitsprachemöglichkeiten sind notwendig, um die Innovationsdefizite, die durch die Marktwirtschaft, Unternehmensgröße und durch den wirtschaftlichen Strukturwandel bedingt sind, abzubauen. Durch eine aktive Mitgestaltung seitens der Arbeitnehmer wird bewirkt, daß das Innovationspotential in den Unternehmen stärker als bisher genutzt werden kann. Zudem werden resignative bzw. negative Einstellungen gegenüber den erforderlichen technischen und sozialen Veränderungen vermieden[46].

Abschließend sollen die Legitimationsgrundlagen für das IBS-Konzept zusammengefaßt werden:

(1) Wettbewerbsfähigkeit und Arbeitsplatzsicherheit bzw. -angebot sind durch die wirtschaftliche Entwicklung in der BRD gefährdet[47].

(2) Innovationen führen zur Steigerung der Wettbewerbsfähigkeit und zur Beseitigung von Arbeitsplatzdefiziten[48].

(3) Innovationsdefizite sind ein permanentes Problem in einem marktwirtschaftlichen System und treten besonders stark in mittleren und kleineren Unternehmen auf[49].

(4) Regionale Innovationsberatungsstellen erleichtern den Technologietransfer zwischen den Informationsquellen und den mittelständischen Unternehmen. Sie führen außerdem zu einer besseren Nutzung des Innovationspotentials in den Unternehmen[50].

(5) Die Errichtung von Innovationsberatungsstellen ist somit ein wichtiger Bestandteil einer staatlichen Innovationsförderung, die darauf ausgerichtet ist, einzel- und gesamtwirtschaftliche Innovationsprobleme zu lösen[51].

## 3.3. Gegenüberstellung der Legitimationsgrundlagen

Wie die Analyse der verschiedenen Stellungnahmen von Fördereinrichtungen zeigt, weisen die Legitimationsmuster mehrere typische

[46] Ebenda, S. 624.
[47] Ebenda, S. 619.
[48] Ebenda, S. 618 ff.
[49] Vgl. Hinz 1976, S. 620 f.
[50] Ebenda, S. 617 u. S. 624.
[51] Ebenda, S. 620.

Merkmale auf. Diese Kennzeichen sollen kurz dargestellt werden. Dabei ist im einzelnen zu überlegen, welche Probleme sich daraus für die künftige Innovationsförderung ergeben.

*Instabilität* ist ein besonders offensichtliches Kennzeichen der gegenwärtigen Legitimationsgrundlagen. Das kann u. a. darauf zurückgeführt werden, daß die Legitimationsproblematik bisher nur in bezug auf die grundsätzliche Frage, ob neue Technologien überhaupt gefördert werden sollten, gelöst wurde. Diese Frage wird zumindest von allen genannten Entscheidungsträgern bejaht. Ungeklärt ist dagegen die Legitimationsproblematik bezüglich der institutionellen Arbeitsteilung und der Angemessenheit bestimmter Steuerungsmöglichkeiten. Über folgende Fragen besteht dabei kein gesellschaftlicher Konsens:

— welche Einflußmöglichkeiten sollten den Bundes- und Landesministerien, Gewerkschaften und Unternehmen oder den Promotoren und Betroffenen im Rahmen von Innovationsentscheidungen zugestanden werden?

— welche Aufgabenbereiche und Maßnahmen zur Förderung neuer Technologien können innerhalb einer Marktwirtschaft noch als systemkonform betrachtet werden?

Diese Fragestellungen sind daher Mittelpunkt der gegenwärtigen Diskussion. Die Auseinandersetzungen erstrecken sich zum einen auf die stärkere Regionalisierung der Innovationsförderung, zum anderen wird aber auch wegen der Folgewirkungen der staatlichen und privatwirtschaftlichen Innovationsentscheidungen zunehmend eine stärkere Berücksichtigung der Betroffenen im Rahmen der Innovationspolitik gefordert.

*Verschiedenartigkeit* ist das zweite Merkmal der gegenwärtigen Legitimationsgrundlagen. Es gibt keine einheitliche Begründung für die Förderung und Steuerung des technischen Fortschritts. Die unterschiedlichen Orientierungen und Handlungskonzeptionen werden aus den nachfolgenden Übersichtsdarstellungen deutlich (s. Abb. 4 und 5). Von den staatlichen Stellen wird die Förderung neuer Technologien überwiegend aus technologischen, ökonomischen und überregionalen Gründen für notwendig erachtet. Schutz der Betroffenen oder des ökologischen Systems vor den technologischen Folgewirkungen wird dagegen nur in den Innovationsförderungsprogrammen der IG Metall und des BMI ausdrücklich erwähnt. Aufgrund dieser Verschiedenartigkeit stellt sich die Frage, ob eine Vereinheitlichung der Innovationspolitik bei dem Anspruch, unterschiedliche Interessen aller gesellschaftlichen Gruppen zu berücksichtigen, überhaupt möglich ist. Das scheint nicht der Fall zu sein, da die unterschiedlichen Legitimationen für Innovationsentscheidungen als ein Ergebnis der konfligierenden gesellschaft-

*Abb. 4: Übersicht über die unterschiedlichen Ansatzpunkte der Bundesministerien im Rahmen der Innovationspolitik*

| Legitimationsgrundlagen / Bundesministerien | BMWi | BMFT | BMI |
|---|---|---|---|
| 1. Ziele | — Wettbewerbsfähigkeit<br>— Wachstumssteigerung | — Lebensqualität<br>— Internationale Wettbewerbs- und Leistungsfähigkeit<br>— Daseinsvorsorge | — Kontrolle der „externalities“<br>— Umweltgütekriterien |
| 2. Mittel | — Förderung des Innovationsklimas<br>marktorientiert<br>direkt und indirekt<br>stimulierend | — Programmplanung<br>technologie-orientiert<br>direkt<br>steuernd | — ökologische Buchführung und Gesetzgebung<br>rechtsnormenorientiert<br>indirekt<br>korrigierend |
| 3. Ansatzpunkte | — ökonomische Randbedingungen | — technologische Randbedingungen | — normative Randbedingungen |

*Abb. 5: Übersicht über die Legitimationsgrundlagen der regionalen Innovationsförderung*

| Institutionen in den Bundesländern / Legitimationsgrundlagen | Wirtschaftsministerien | Innovationsberatungsstellen der IHK | Innovationsberatungsstellen nach dem Konzept der IG Metall |
|---|---|---|---|
| 1. Ziele | — Abbau von Innovationsbarrieren in der mittelständischen Wirtschaft<br>— Wettbewerbsfähigkeit<br>— Sicherung von Arbeitsplätzen | — Beseitigung von Informationsdefiziten in der mittelständischen Wirtschaft<br>— Wettbewerbsfähigkeit | — Beseitigung von Innovationsdefiziten<br>— Beseitigung von Arbeitsplatzdefiziten<br>— Wettbewerbsfähigkeit |
| 2. Mittel | — Förderung von Einzelvorhaben<br>— Wissenstransfer | — Wissenstransfer | — Wissenstransfer<br>— Erweiterung der Mitbestimmungsrechte<br>— Indikatoren des sozialen Bedarfs und der Stagnation |
| 3. Ansatzpunkte | — einzelwirtschaftliche Innovationsbedingungen | — einzelwirtschaftliche Informationsbedingungen | — einzelwirtschaftliche und branchenspezifische Innovationsentscheidungen |

lichen Interessenlagen betrachtet werden können. Damit ergibt ein weiteres Merkmal der gegenwärtigen Legitimationen für eine Innovationsförderung:

*Widersprüchlichkeit* stellt das dritte Kennzeichen dar. Die Unvereinbarkeit von Förderkriterien zeigt sich insbes. bei den Innovationszielen „wirtschaftliches Wachstum“ und „Umweltverträglichkeit“. Allerdings wird die Widersprüchlichkeit der Legitimationskriterien dadurch verdeckt, daß sie relativ unpräzise formuliert sind.

*Unklarheit* ist somit das vierte Merkmal. Obwohl die Verbesserung des Innovationsklimas in den Förderprogrammen häufig als Notwendigkeit bezeichnet wird, ist der Begriff selbst nie präzisiert worden[52]. Auch die Innovationsforschung hat bisher noch nicht zur Klärung dieses Begriffes beigetragen[53]. Innovationsklima wird meist als ein derartig komplexer Begriff bezeichnet, daß die Wirkung der vorgeschlagenen Maßnahmen kaum noch überprüfbar ist[54]. Auch der Definitionsvorschlag von Ray scheint die Problematik dieses Begriffes nicht zu beseitigen, wenn er schreibt: "We define the climate for innovations as the aggregation of the conditions in a country as these affect the innovative activity — i. e. the behaviour of the innovator which can be a company or a person — in relation to prevailing economic, social and technical phenomena.“[55] Wie weit oder eng die Bedingungen gesehen werden, bleibt dabei offen. Eine Klärung des Innovationsklimas wie auch des Konzeptes Lebensqualität, das vom BMFT stärker hervorgehoben wird, erfordert vielmehr die Bildung von Indikatoren-Systemen. Nur dadurch läßt sich die Notwendigkeit oder Überflüssigkeit einzelner Maßnahmen überprüfen. Solange solche Indikatoren fehlen, handelt es sich daher um Aussagen, die gegenüber Kontrollen weitgehend immun sind.

*Promotorenorientierung* ist das fünfte und letzte Kennzeichen der gegenwärtigen Legitimationsgrundlagen für die Innovationsförderung in der BRD. Die Einseitigkeit der Interessenorientierung ergibt sich nicht nur aus den in erster Linie an der Wirtschaft ausgerichteten Begründungen, sondern auch aus dem öffentlichen Dialog, der von Vertretern des BMFT für innovative Entscheidungsprozesse gefordert wird[56]. Die Errichtung entsprechender Entscheidungsgremien, die größere Partizipationsmöglichkeiten für die Betroffenen verwirklichen würden,

---

[52] Vgl. dazu u. a. die Ausführungen im Bericht des Bundeswirtschaftsministeriums „Technologie und Wirtschaft“ (1970, S. 108) sowie die Angaben von Muttelsee (1970, S. 316) und der OECD (1970, S. 118 ff.).

[53] Eine Definition des Begriffes fehlt u. a. bei Steele (1970, S. 41). Finke (1971, S. 18) sowie bei Geschka und Schwerdtner (1974, S. 16).

[54] Vgl. Technologie und Wirtschaft 1970, S. 108, sowie Geschka und Schwerdtner 1974, S. 16.

[55] Ray 1975, S. 1.

[56] Vgl. Hauff / Scharpf 1975, S. 113 ff.

bleibt jedoch unberücksichtigt. Ebensowenig werden Methoden angegeben, mit denen staatlichen Stellen die Innovationsinteressen betroffener Bevölkerungskreise ermitteln können. Die Anwendung von sozialwissenschaftlichen Befragungsmethoden wurde in den Interviews häufig sogar als überflüssig betrachtet. Solange aber nicht entsprechende Entscheidungsstrukturen und Erhebungsmethoden eingeführt werden, bleiben die Innovationsinteressen des Betroffenen im politischen Entscheidungsprozeß weitgehend unberücksichtigt. Die Notwendigkeit des öffentlichen Dialogs bleibt somit eine Scheinlegitimation. Wie die Entwicklung der Bürgerinitiativen im Bereich von Kernkraftwerken zeigt, stellt eine solche Innovationspolitik nicht nur die Legitimation des Staates, bestimmte Technologien zu fördern, in Frage, sondern auch die Glaubwürdigkeit des Staates bei den Betroffenen[57]. Zudem kann eine verspätete Einbeziehung der Betroffenen auch wirtschaftliche Folgewirkungen haben[58].

[57] Vgl. BMFT 1975 a), S. 309 ff.

[58] Vgl. Müller / Schienstock 1977, S. 8 ff.

## 4. Das Entscheidungssystem der Innovationsförderung

In diesem Abschnitt soll die Frage untersucht werden, wie die staatlichen Stellen über den Einsatz von Förderungsmaßnahmen entscheiden. Von besonderem Interesse sind in diesem Zusammenhang

(1) die Bestimmung der staatlichen Entscheidungsträger nach ihren Zuständigkeiten im Innovationsgeschehen. Die Kompetenzverteilung zwischen den staatlichen Stellen ist dabei nicht nur im Hinblick auf die momentanen Regelungen zu untersuchen, sondern auch im Hinblick auf die Veränderungen, die in diesem Bereich stattgefunden haben.

(2) die Maßnahmen, die die verschiedenen staatlichen Stellen zur Innovationsförderung ergreifen. Neben der Art der Maßnahmen sollen hierbei die Methoden der Entscheidungsfindung und Entscheidungskriterien, nach denen der Mitteleinsatz festgelegt wird, erörtert werden.

(3) die horizontalen und vertikalen Kooperationsbeziehungen zwischen den staatlichen Stellen, die am Entscheidungsprozeß beteiligt sind. Die Kooperationsbeziehungen bestehen einerseits auf der Ebene der Bundesministerien und andererseits auf der Ebene zwischen Bund und Ländern sowie den Hilfseinrichtungen, die die Ministerien bei der Entscheidungsfindung im Innovationsgeschehen unterstützen.

Diese Aspekte des Entscheidungssystems sind insofern von Bedeutung, als davon ausgegangen werden kann, daß die Effizienz der staatlichen Innovationsförderungsprogramme dadurch beeinflußt wird. Bei der Bundesrepublik ist aufgrund ihres föderativen Aufbaues insbes. zu prüfen, wie sich die Kooperationsbeziehungen zwischen Bund und Ländern auf die Entscheidungsverfahren im Rahmen der Innovationsförderung auswirken.

### 4.1. Kompetenzentwicklung der Bundesministerien

Mit der Übernahme von Anreiz-, Planungs- und Steuerungsfunktionen des Staates im Innovationsgeschehen ist es nicht nur zu einer exponentiellen Steigerung der für wissenschaftliche Zwecke aufgewendeten Ressourcen gekommen, sondern auch zu einem Kompetenzwandel der staatlichen Stellen, die an der Innovationsförderung beteiligt sind. Beschränkt man die innovative Aufgabenstellung des Staates auf den

Bereich der wirtschaftlich verwertbaren technischen Neuerungen, so läßt sich für diesen hierfür zuständigen Kreis von Ministerien feststellen, daß die zunehmenden Innovationsfunktionen des Staates zu einer Umverteilung der Zuständigkeiten und zu einer Ausgliederung von Ressorts geführt haben. Dieser Wandel zeigt sich besonders deutlich in der organisatorischen Entwicklung des Bundesministeriums für Wirtschaft, bei dem früher die ausschließliche Kompetenz für die Förderung neuer Technologien lag. Mit den Plänen zur friedlichen Nutzung der Kernenergie wurde 1956 das Atomministerium aus dem Wirtschaftsministerium ausgegliedert und 1969 in das Ministerium für Bildung und Wissenschaft überführt. Diese Umwidmung erscheint aus rückwärtiger Sicht eher politisch als sachlich motiviert. Zumindest gilt das für den Bereich der staatlichen Technologieförderung, die in der damaligen offiziellen Bezeichnung nicht mehr enthalten war. Durch die Verbindung von Bildung und Wissenschaft wurde — gewollt oder nicht — zumindest unterschwellig das Humboldt'sche Ideal der Einheit von Lehre und Forschung angesprochen, im Gegensatz zu der anläßlich der Regierungsbildung im Jahr 1972 vorgenommenen Umbenennung in „Bundesministerium für Forschung und Technologie" (BMFT), die mehr den Aspekt der Verzwecklichung von Wissenschaft und Forschung nach Maßgabe der gesellschaftlichen Erfordernisse betont. Auch hier deuten sich Veränderungen im Stellenwert des politischen Moments an. Handelte es sich nach traditioneller Wissenschaftsauffassung bei der Suche nach neuen Erkenntnissen um einen Vorgang, der auf die Erweiterung des vorhandenen Wissens gerichtet war und dessen praktischer Nutzen eine von dem einzelnen Wissenschaftler nicht zu verantwortende Folgewirkung darstellte, hat sich — nicht zuletzt unter dem Einfluß der Projektwissenschaften — diese Vermittlungsrelation umgekehrt: Wissenschaft und Forschung werden stärker dem Primat des Anwendungsinteresses unterworfen.

Die formale Abgrenzung der Aufgabenbereiche, die zum BMW, BMFT und BMI gehören, ist im Organisationserlaß vom 19. Dezember 1972[1] geregelt. Danach wurden dem BMFT die folgenden Aufgaben übertragen:

(1) die Grundsatz- und Koordinierungszuständigkeit für Nachrichtentechnologie;

(2) die Koordinierungszuständigkeit für die zivile und militärische Luft- und Raumfahrtforschung und -entwicklung;

(3) aus dem Geschäftsbereich des Bundesministers für Bildung und Wissenschaft die Zuständigkeit für

[1] Presse- und Informationsamt der Bundesregierung, Bulletin Nr. 169 v. 19. Dezember 1972.

(a) allgemeine Forschungsförderung — mit Ausnahme der Deutschen Forschungsgemeinschaft und der Sonderforschungsbereiche —;
(b) Forschungsplanung und -koordinierung;
(c) technologische Forschung, Entwicklung und Innovation;
(d) Datenverarbeitung;
(c) Kerntechnik und Kernforschung;
(f) Weltraumforschung und -technik, Luftfahrtforschung;

(4) aus dem Geschäftsbereich des Bundesministers des Innern
(a) die Zuständigkeit für die Arbeitsgruppe „Datenbanksystem";
(b) die Zuständigkeit für die Koordinierung von Informationsbereitstellungssystemen des Bundes, die wesentlich auch zur Benutzung außerhalb der Bundesregierung entwickelt werden;

(5) aus dem Geschäftsbereich des bisherigen Bundesministers für Wirtschaft und Finanzen — Bereich Wirtschaft — die Zuständigkeit für die Förderung der elektronischen Datenverarbeitung.
Die Förderung von Forschung und Entwicklung in der gewerblichen Wirtschaft durch den Bundesminister für Wirtschaft erfolgt im Einvernehmen mit dem Bundesminister für Forschung und Technologie.

Zu den dem Bundesminister des Innern durch diesen Organisationserlaß übertragenen Aufgaben gehören Reaktorsicherheit und Strahlenschutz mit Ausnahme der Zuständigkeit für Reaktorsicherheitsforschung und -technik.

Im Bundeswirtschaftsministerium werden die Aufgaben der Innovationsförderung von dem seit 1968 bestehenden Referat „Technologie und Innovation" ausgeführt. Neben der Erstinnovationsförderung ist das BMWi für die folgenden Förderungsprogramme zuständig:

(1) Gemeinschaftsforschung, insbesondere vertreten durch die Arbeitsgemeinschaft industrieller Forschungsinstitute (AIF);
(2) Förderung der Forschung und Entwicklung in der Berliner Industrie;
(3) Förderung der Luftfahrtindustrie;
(4) Förderung der technologischen Innovation, insbesondere für kleine und mittlere Unternehmen.

Diese mehr numerative als systematische Geschäftsverteilung zeigt deutlich, daß der organisatorische Differenzierungsprozeß einerseits zu einer Reduktion der Kompetenz des Bundesministeriums für Wirtschaft im Bereich der Innovationsförderung geführt hat; andererseits wird aber auch daraus ersichtlich, daß mit der stärkeren Differenzierung der staatlichen Innovationsaufgaben eine Ressortgliederung im Sinne einer wirtschaftspolitischen und einer technologiepolitischen Innovationsförderung entstanden ist. Die damit verbundene Verselbständigung der Forschungs- und Technologiepolitik ist eine erst neuerdings zu beobachtende Erscheinung, obwohl die gesellschaftliche Bedeutung von Forschung und Entwicklung seit Beginn der Industrialisierung erkennbar ist und die Wissenschaftsförderung seit langem zu den anerkannten Aufgaben des Staates gehört. Für diese organisatorische Entwicklung lassen sich zwei Gründe als mögliche Erklärungen anführen. Die Aufstellung könnte einerseits damit zusammenhängen, daß in modernen Regierungssystemen eine Tendenz zu einer gegenüber der klassischen Ressortgliederung stärkeren Differenzierung besteht. Beim gegenwärtigen Stand der Entwicklung ist jedoch nicht immer klar erkennbar, wieweit diese Differenzierung als Versuch zu sehen ist, durch arbeitsteilige Organisation eine bessere Anpassung an unterschiedliche Umweltgegebenheiten zu erreichen oder politischen Erfordernissen Rechnung zu tragen. Andererseits könnte die Verselbständigung der Forschung- und Technologiepolitik auch nur als wissenschaftsimmanente Veränderung erklärt werden, die dazu geführt hat, daß die Technologiepolitik nicht mehr zu den selbstverständlichen Bestandteilen der Wirtschaftspolitik gehört. Diese Erklärungsmöglichkeit, die plausibler als die zuerst genannte Annahme erscheint, läßt sich anhand mehrerer Aspekte des Differenzierungsprozesses stützen; sie sollen im folgenden kurz dargestellt werden.

In Wirtschaftssystemen, die nach dem Konkurrenzprinzip organisiert sind, bilden technisch-wissenschaftliche Neuerungen das Ergebnis unternehmensbezogener Entscheidungen. In der Frühphase der industriellen Entwicklung waren Innovationsprozesse eng mit den Unternehmerpersönlichkeiten verbunden, die wegen ihres spezifischen Innovationsverhaltens als „Erfinderunternehmer" bezeichnet werden können. In dem Maße jedoch, in dem innovatorische Leistungen ihre Einzigartigkeit verloren und nach dem Schema von Zweck und Mittel machbar geworden sind, traten an die Stelle einzelner Erfinder oder allzuständiger Unternehmer arbeitsteilig organisierte Systeme. Damit hat sich der Angriffspunkt für die Beeinflussung des Innovationsgeschehens von der schöpferischen Einzelpersönlichkeit zu einer durch Organisation geschaffenen „künstlichen Gruppenpersönlichkeit" verlagert, die das Genie entbehrlich macht[2]. Da die Machbarkeit technisch-organisatorischer Neuerungen als Folge dieses Strukturwandels maßgeblich von der Wirksamkeit organisationsgestaltender Maßnahmen im Sinne einer Metatechnologie[3] abhängt, ist bereits die Forderung erhoben worden, auf diesem Gebiet bestehende Versäumnisse notfalls durch staatliche Eingriffe zu korrigieren[4].

Indirekt findet diese Art der Einflußnahme bereits statt. Zwischen den wirtschaftspolitisch begründeten Förderungsmaßnahmen und sol-

[2] Vgl. Galbraith 1968.
[3] Vgl. Schon 1971.

chen, die technologiepolitisch motiviert sind, sind gewisse Unterschiede zu erkennen. Während z. B. von dem Erstinnovationsförderungsprogramm vor allem Betriebe profitieren sollen, die staatlicher Hilfe bedürfen, um sich selbst helfen zu können, zählt das BMFT hauptsächlich Firmen zu seinen Kooperationspartnern, die aufgrund ihrer organisatorischen Möglichkeiten und bisherigen Erfolge erwarten lassen, daß sie ein geplantes Projekt erfolgreich zum Abschluß bringen können. Betrachtet man jedoch Innovation nur als Ergebnis einzelwirtschaftlicher Entscheidungen, hängt die Innovationsbereitschaft vorwiegend von äußeren Randbedingungen ab. Eine darauf aufbauende Förderungspolitik erfüllt zwar die Bedingungen der Systemkonformität; sie muß sich jedoch damit abfinden, daß man die Pferde zwar zur Tränke führen, aber nicht unbedingt zum Saufen bringen kann.

Der zweite Gesichtspunkt, der im vorliegenden Zusammenhang erwähnt zu werden verdient, betrifft den Umfang bzw. die Reichweite einer technisch-wissenschaftlichen Neuerung. Wie schon das Förderungsvolumen des Erstinnovationsförderungsprogramms erkennen läßt, handelt es sich in der Mehrzahl der Anträge um vergleichsweise kleinere Vorhaben, darunter vielfach solche, die Verbesserungen oder Weiterentwicklungen bereits bekannter Lösungen darstellen. Wenn auch die Bedeutung derartiger Innovationen für das technisch-wissenschaftliche Niveau einer Volkswirtschaft nicht übersehen werden kann, so muß andererseits doch beachtet werden, daß der Verlauf der wirtschaftlichen Entwicklung entscheidend von bestimmten Basisinnovationen abhängt, zu denen im vergangenen Jahrhundert das Eisenbahnwesen gehörte und zu denen in unserer Zeit die Entdeckung des thermo-dynamischen Prinzips, der Verbrennungsmotor und die Vielzahl der neuen Werkstoffe gerechnet werden müssen, die auf petrochemischer Basis gewonnen werden.

Was den Gradzustand ihrer wissenschaftlich-theoretischen Begründung anbelangt, kann in Anlehnung an Th. S. Kuhn zwischen Innovationen mit paradigmatischem Charakter und solchen unterschieden werden, die sich auf die Anwendung weitgehend bekannter Lösungswege beschränken[5]. Neben dem Merkmal ihres Neuerungsanteils sind Schlüsselinnovationen im allgemeinen dadurch gekennzeichnet, daß sich das Innovationsgeschehen von punktuellen zu komplexen Veränderungen verschiebt[6]. Dieser Prozeß hat einmal zur Folge, daß durch den Systemcharakter von Komplexinnovationen eine Abhängigkeit der unternehmerischen Einzelentscheidungen entsteht und im Zusammen-

[4] Vgl. Fleischmann 1972; Littmann 1975.

[5] Kuhn 1967.

[6] Schon a. a. O.; Brandenburg / Brödner / Hetzler / Schienstock, 1975.

hang damit eine Herausforderung, die dazu Anlaß gibt, den Begriff „wirtschaftliche Strukturpolitik" inhaltlich zu erweitern. Der Appell an die einzelwirtschaftliche Innovationsentscheidung reicht unter diesen Bedingungen nicht mehr aus.

Der soeben erwähnte Aspekt der Systemhaftigkeit lenkt unsere Aufmerksamkeit auf einen dritten und wichtigen Tatbestand, der das Verhältnis von Wirtschafts- und Technologiepolitik berührt. Mit zunehmender Reichweite schaffen Komplexinnovationen eine Betroffenheit, die nicht mehr durch die Beachtung der Gegenseitigkeitsregel gemäß dem Verhältnis von Angebot und Nachfrage zu rechtfertigen ist. Außer den durch Herstellung und Betrieb entstehenden Kosten treten durch unbeabsichtigte und in der Regel unerwünschte Nebenfolgen zusätzliche Beeinträchtigungen auf. Man bezeichnet diese auch als soziale Kosten und meint damit „jene Schäden, die, obwohl sie direkt oder indirekt mit Produktion und Verteilung kausal verbunden sind, nicht in die wirtschaftliche Kostenrechnung eingehen und von dritten Personen oder der Gesellschaft getragen werden[7]". Wirtschaftliche Konzentration und zunehmende soziale Dichte haben zusammen mit relativ kurzfristigen Planungsüberlegungen dazu geführt, daß diese Schäden jenes Niveau überschritten haben, das noch als hinnehmbar angesehen wurde. Damit tritt neben das Kriterium der technischen Machbarkeit das der sozialen Akzeptanz[8]. Das zwischen beiden Prinzipien bestehende Spannungsverhältnis zwingt zu einer Modifikation der liberalistischen Vorstellung, der zufolge der Marktmechanismus ein Systemgleichgewicht bei bestmöglicher Ausnutzung der Ressourcen garantiere[9]. Wenn aber die Steuerung der technologischen Entwicklung stärker von Entscheidungen abhängig gemacht wird, die planrational begründet sind, nimmt damit auch die Notwendigkeit politischer Konsensbildung zu. Dieses politische Moment bleibt in der ökonomischen Theorie des Liberalismus außer Betracht, da hier der kausale und finale Aspekt zusammenfallen[10]. Diese Überlegungen lassen die Feststellung zu, daß die wirtschaftspolitische und die technologiepolitische Innovationsförderung an unterschiedlichen Rationalitäten orientiert sind. Ihre Zuordnung zu verschiedenen Ressorts erscheint insofern sinnvoll. Gleichwohl handelt es sich um miteinander konkurrierende Prinzipien. Die daraus resultierende Konfliktmöglichkeit hat deshalb einer grundsätzlichen Charakter und beruht nicht nur auf Abgrenzungsschwierigkeiten bei der Ressortgliederung, wie es zunächst scheinen mag.

---

[7] Kapp o. J.

[8] Vgl. Hetzler 1974.

[9] Vgl. Lauschmann 1959.

[10] Vgl. Myrdal 1932.

## 4.2. Innovationsförderung als wirtschaftspolitische Entscheidung

Die Rahmenbedingungen, unter denen das BMWi über die Maßnahmen zur Innovationsförderung entscheidet, sind in mehrfacher Hinsicht festgelegt. Einmal wird der Entscheidungsspielraum des BMWi dadurch eingeschränkt, daß das Ministerium als Teil der Exekutive verpflichtet ist, die Entscheidungen des Parlaments und der Regierung zu beachten und sinnvoll anzuwenden. Zum anderen bestimmt sich die Wahl der Maßnahme aber auch nach den Zielen, die für eine marktorientierte Innovationspolitik und langfristige Energiepolitik kennzeichnend sind. Neben der Schaffung eines günstigen Innovationsklimas müssen daher die Zielsetzungen der langfristigen Energiepolitik wie Sicherheit der Energieversorgung, ausreichendes Angebot, Wirtschaftlichkeit und Umweltverträglichkeit berücksichtigt werden. Da diese Ziele weder exakt definiert noch operationalisiert sind, dienen sie bei der Festlegung der Förderungsmaßnahmen nur als globale Richtlinien, die eine fallweise Auslegung nach den jeweils geltenden Prioritäten erfordern. Eine weitere wichtige Rahmenbedingung stellen die Richtlinien der verschiedenen Förderungsprogramme dar, da sie die genauen Regelungen über Beurteilungsverfahren, Förderungsempfänger usw. enthalten. Deshalb soll das Erstinnovationsförderungsprogramm, das bis zu einem gewissen Grade als charakteristisch für eine marktorientierte Technologiepolitik angesehen werden kann, im folgenden ausführlicher behandelt werden.

### *4.2.1. Das Erstinnovationsförderungsprogramm*

Der im Programm enthaltene Begriff der Innovation wird von Vertretern des BMWi auf den Aspekt der technisch-wissenschaftlichen Anwendbarkeit beschränkt. Da technische Neuerungen vielfach aus wissenschaftlichen Erkenntnissen hervorgehen, darf Innovation nicht mit Forschung gleichgesetzt werden. „Der hierfür geprägte Begriff ‚Erstinnovation' besagt, daß es sich um neue oder neuartige Produkte und Verfahren handeln muß, die auf dem Markt der Bundesrepublik noch nicht wirtschaftlich verwertet werden. Sie lassen sich unterscheiden von den Unternehmensinnovationen, deren Neuheitsgehalt zwar für das betreffende Unternehmen, jedoch nicht für den gesamten Markt eines Wirtschaftsgebietes gegeben ist."[11]

Beim Erstinnovationsförderungsprogramm, das in der Öffentlichkeit stärkere Beachtung gefunden hat, sollen insbes. die Kriterien der Förderungswürdigkeit, die Art des Beurteilungsverfahrens und die Höhe der Risikobeteiligung erörtert werden. Die Förderungswürdigkeit der

[11] Rüdt von Collenberg 1976, S. 96.

Innovationsvorhaben von Unternehmen wird vom BMWi nach den folgenden Gesichtspunkten beurteilt:

(1) Es muß sich um Vorhaben handeln, bei denen ein neues Produkt oder Verfahren unter Auswertung von Forschungs- und Entwicklungsergebnissen oder Erfahrung anderer Art geschaffen oder erstmals verwendet werden soll. Ein Produkt gilt als neu, wenn es in der Bundesrepublik Deutschland noch nicht wirtschaftlich verwertet wird.

(2) Das Vorhaben muß technologisch erfolgversprechend sein und mittelfristig einen greifbaren wirtschaftlichen Nutzen erwarten lassen.

(3) Das Vorhaben muß von wesentlicher volkswirtschaftlicher Bedeutung sein. Eine wesentliche volkswirtschaftliche Bedeutung der Erstinnovation kann z. B. dann angenommen werden, wenn

(a) ein gesamtwirtschaftlich wichtiger Bedarf erstmals oder in wesentlich verbesserter Form gedeckt werden kann und/oder

(b) eine wesentliche Steigerung der wirtschaftlichen Leistungsfähigkeit erwartet werden kann.

(4) Der erforderliche Aufwand für das Vorhaben muß im Verhältnis zur Finanzkraft des Unternehmens so erheblich sein, daß seine Durchführung trotz seiner volkswirtschaftlichen Bedeutung und der Erfolgsaussichten ohne öffentliche Hilfe nicht oder nur erheblich verzögert zu erwarten ist.

(5) Das Vorhaben und dessen Verwertung müssen in der Bundesrepublik Deutschland durchgeführt werden.

Um eine Zuwendung des Bundes zur Förderung von Erstinnovationen und der hierzu erforderlichen Entwicklungsarbeiten zu erhalten, muß sich der Antragsteller mit mindestens der Hälfte der zu erwartenden Aufwendungen an der Finanzierung beteiligen. Der Finanzbedarf bemißt sich nach der technisch-wirtschaftlichen Bedeutung des Innovationsvorhabens, nach der finanziellen Leistungsfähigkeit und den erwarteten Kosten, die bei wirtschaftlicher und sparsamer Unternehmensführung entsprechend den Leitsätzen für die Preisermittlung aufgrund von Selbstkosten (LSP) voraussichtlich anfallen. Die Einhaltung der Bewilligungsrichtlinien wird durch die Bewilligungsbehörde, die oberste Wirtschaftsbehörde der Bundesländer und durch den Bundesrechnungshof überwacht.

Wie bei den Förderungsmaßnahmen im Kohlebereich geht auch im Rahmen des Programms der Erstinnovationsförderung die Initiative von den Antragstellern aus. Interessenten können die geltenden Richtlinien und Antragsformulare anfordern und wenden sich mit ihren Projektvorschlägen an das Wirtschaftsministerium des Landes, in dem sie ihren Firmensitz haben. Alle Anträge werden in dem beratenden Ausschuß für Erstinnovationsförderung behandelt, der unter dem Vorsitz eines Vertreters des BMWi zusammentritt. Als technisch-wissenschaftliche Sachverständige gehören diesem Gremium je ein Mitglied der Physikalisch-Technischen Bundesanstalt, der Bundesanstalt für Materialprüfung und des Bundesministeriums für Forschung und Technologie an. Die Bundesländer sind durch zwei ständige Vertreter repräsentiert, die in dreijährigem Turnus wechseln. Außer zwei Angehörigen der Arbeitsgemeinschaft industrieller Forschungsinstitute nehmen an den Beratungen weitere Vertreter aus denjenigen Bundesländern teil, aus denen Anträge eingegangen sind. Verhandelt wird in nicht-öffentlicher Sitzung. Die Bewerber haben dort jedoch Gelegenheit, zu ihren Vorhaben Stellung zu nehmen.

Bei der Beurteilung eines Antrags ist nicht allein die Höhe des Risikos maßgebend; es werden auch Anträge befürwortet, wenn zu befürchten steht, daß ein Projekt ohne Förderung nicht begonnen würde, obwohl seine Durchführung im gesamtwirtschaftlichen Interesse liegt. Die Entschließungen des Gremiums können auf Befürwortung mit und ohne Auflagen, auf Ablehnung oder Zurückstellung lauten. Sie besitzen nur empfehlenden Charakter, da die endgültige Entscheidung beim BMWi liegt. Im Regelfall folgt das Ministerium den Empfehlungen des Ausschusses. Die Antragsteller erhalten einen schriftlichen Bescheid. Im Falle der Ablehnung ist die Möglichkeit des Einspruchs gegeben. Die Namen der in die Förderung einbezogenen Unternehmen, die Art der Projekte und die Höhe der bewilligten Mittel werden in der Presse bekanntgegeben.

Die Zuschüsse werden über die Bundesanstalt für gewerbliche Wirtschaft ausgezahlt. Ihre Höhe schwankt zwischen DM 50 000 und 2 Mill. Die bewilligten Mittel sind bedingt rückzahlbar. Sie können zurückgefordert werden, wenn gegen die Bewilligungsrichtlinien verstoßen wird. Außerdem fließen sie in dem Umfang an die öffentliche Hand zurück, in dem ein Projekt realisiert wird und einen Ertrag abwirft. Der Zuschuß wirkt sich dann wie ein zinsloses Darlehen aus, während er zum Zeitpunkt der Bewilligung vorwiegend der Risikominderung dient. Seit 1972 wurden die Mittel im Rahmen des Erstinnovationsförderungsprogramms von 4 Mill. auf 9 Mill. im Jahre 1975 erhöht.

Ebenfalls der Mittelstandsförderung dienen vom Bundesministerium für Wirtschaft geleistete Zuwendungen für die industrielle Gemeinschaftsforschung, vertreten durch die Arbeitsgemeinschaft industrieller Forschungsinstitute (AIF), der mehr als 8000 Firmen mit etwa 75 Instituten angehören. Es handelt sich hierbei um freiwillige Zusammenschlüsse von vielfach kleineren und mittleren Betrieben, die gemeinsame Forschungseinrichtungen unterhalten. Da die Ergebnisse allen

Mitgliedern zur Verfügung stehen, ist es den einzelnen Mitgliedsfirmen auf diese Weise nicht möglich, einen Erkenntnis- und damit einen Wettbewerbsvorsprung zu erlangen. Jedoch überwiegt die Chance, überhaupt Forschung treiben zu können, offenbar diesen Nachteil. Der im Bereich der industriellen Gemeinschaftsforschung erkennbare Wille zur Selbsthilfe wird vom Bundesministerium für Wirtschaft dadurch anerkannt, daß in den letzten Jahren für diesen Zweck steigende Beträge zur Verfügung gestellt worden sind.

Die bisherigen Darlegungen lassen erkennen, daß bei den Förderungsmaßnahmen des BMWi die Initiative, technisch-wirtschaftliche Neuerungen in Angriff zu nehmen, nicht von der Verwaltung, sondern von der Industrie ausgeht. Die mit staatlicher Hilfe geförderten Innovationen entsprechen deshalb vorwiegend einzelwirtschaftlichen Plänen und Erwartungen. Sie sind außerdem dadurch charakterisiert, daß es sich vielfach um Weiterentwicklungen und nicht um grundsätzliche Veränderungen handelt (s. Abb. 6). Die staatliche Aktivität orientiert sich in diesem Bereich an Prinzipien, die bereits vor der Jahrhundertwende für die technologische Gewerbeförderung gegolten haben[12].

### *4.2.2. Ressorteigene Hilfseinrichtungen*

Wie bereits erwähnt, nehmen am beratenden Ausschuß für Erstinnovationsförderung Vertreter der Bundesanstalt für Materialprüfung (BAM) und der Physikalisch-Technischen Bundesanstalt (PTB) teil. Diese beiden Institutionen, die Einrichtungen des öffentlichen Rechts sind, gehören zum Geschäftsbereich des Bundesministers für Wirtschaft. Da das BMWi als Verwaltungsorganisation nicht über den Sachverstand, der für eine adäquate Beurteilung der Innovationsvorhaben benötigt wird, im eigenen Hause verfügt, besteht eine wesentliche Funktion der beiden Bundesanstalten in der fachlichen Beratung bei der Auswahl von förderungswürdigen Projektanträgen.

Zu den Funktionen der PTB im Innovationsgeschehen gehören im einzelnen:

(1) Beratung der Industrie bei technisch-wissenschaftlichen Problemen;

(2) Beratung des zuständigen Ministeriums, ob ein geplantes Innovationsvorhaben dem gegenwärtigen Stand der Forschung und des technischen Fortschritts entspricht, ausführbar ist und in seinen unmittelbaren und mittelbaren Folgen keine schädlichen Nebenwirkungen hervorruft;

(3) Entwicklung technischer Standards als Normgrößen sowie die Überwachung der Normenanwendung. Während es sich hierbei zunächst

[12] Vgl. Hetzler 1970, S. 35.

*Abb. 6: Kennzeichen des innovationspolitischen Entscheidungssystems des BMWi*

| Dimensionen / Ressort | BMWi |
|---|---|
| 1. Aufgabenstellung | |
| — Umfang | Innovationsbegriff eng definiert |
| — Bezugssystem | Betrieb, Markt |
| — Grad der Arbeitsteilung | arbeitsteilig |
| — Formalisierung | stark formalisiert |
| 2. Strategien | |
| — Wirkungsmodell | technology push |
| — Wirkungszusammenhang | diffus |
| — Interventionsmodus | indirekt / direkt |
| — Beurteilungsnorm | partikular |
| — Initiative | passiv |
| — Planungshorizont | mittelfristig |
| — Prioritätskriterium | Machbarkeit |
| 3. Entscheidungsstrukturen | |
| — Zentralisierung | zentralisiert |
| — Kooperationsweise | vertikal mit Landesministerien |
| — Zusammenarbeit | Promotoren |
| — Funktionen | Innovationsentscheidung |

vorwiegend um Vorschriften handelt, die den Erfordernissen der Präzisionstechnik und Massenfertigung entgegenkommen und damit im Interesse der Industrie lagen, nehmen sie in zunehmendem Maße auch den Charakter eines „technischen Rechts" an, dessen Beachtung bei der Zulassung von Anlagen oder neuen Produkten zur Auflage gemacht werden kann.

(4) Forschungsaufgaben zur Erhöhung der Meßgenauigkeiten. Die bei der ständig fortschreitenden Verfeinerung in der Meßtechnik auftretenden Probleme bringen es mit sich, daß die Physikalisch-Technische Bundesanstalt neben den erwähnten Aufgaben auch in beträchtlichem Umfang eigene Forschung treibt.

In der PTB sind alle Phasen des Innovationsprozesses anzutreffen, soweit sich dieser auf die Erhöhung der Präzisionsmessung bezieht. Dabei kann unter Innovation die Realisierung von Ideen verstanden werden, die zum technisch-wirtschaftlichen Fortschritt führen. Innovationen könnten nach Ansicht von Vertretern der PTB auch definiert werden als systematische Untersuchungen auf naturwissenschaftlich-technischen Gebieten, um erkennbar verbesserte technische Lösungsmöglichkeiten herbeizuführen. Gleichzeitig wurde aber auch darauf hingewiesen, dieser Begriff sei so sehr dem der angewandten Forschung angenähert, daß man bezweifeln könne, ob er überhaupt notwendig sei.

Obwohl die PTB als Anstalt des öffentlichen Rechts zum Geschäftsbereich des Bundesministers für Wirtschaft gehört, begreift sie sich wegen ihres internationalen Ansehens und ihrer Organisationsform nicht als Teil der staatlichen Administration, sondern als verbindendes Organ zwischen Staat, Wirtschaft und Wissenschaft. Ihre planmäßigen Institutsmittel sind vollständig im Bundeshaushalt etatisiert. Ein Teil der Aufwendungen wird durch Prüfungsgebühren, anteilige Auftragskosten und Zuwendungen von Einrichtungen der Wissenschaftsförderung selbst erwirtschaftet.

Die Funktionen der BAM lassen sich wie folgt kennzeichnen:

(1) Wahrnehmung von Prüfungsaufgaben im Auftrag der Bundesministerien.

(2) Entwicklung technischer Normen über bestimmte Materialeigenschaften.

(3) Durchführung von Forschungsaufgaben zur Schaffung neuer oder Verbesserung bestehender Prüfverfahren.

(4) Aufrechterhaltung eines Informations- und Dokumentationssystems über Güteanforderungen und Prüfnormen.

Die BAM ist hier wie auch bei der Wahrnehmung ihrer übrigen Aufgaben eher steuernd als initiativ tätig. Aufgrund ihrer Beratungsfunktion gilt das auch für ihr Verhältnis gegenüber dem zuständigen Ministerium, das als Verwaltungsorganisation nicht im eigenen Hause über die Möglichkeiten verfügt, um bei speziellen Problemen sachverständig entscheiden zu können. Gegenüber der Wirtschaft überwiegen die Prüfungsfunktionen; sie werden zum Teil im Rahmen langfristiger Verträge wahrgenommen.

### 4.3. Innovationsförderung als technologiepolitische Entscheidung

Mit der stärker auf direkte Maßnahmen ausgerichteten Innovationsförderung stellt sich für das BMFT insbes. die Aufgabe, die Ziele der Technologiepolitik inhaltlich zu präzisieren und die Förderungswürdigkeit der Projektanträge im Hinblick auf diese Zielsetzungen zu prüfen. Der Erfolg der projektwissenschaftlichen Forschung hängt nämlich in entscheidender Weise von der Definition dieser Ziele ab. Das BMFT versucht deshalb, sich vor Beginn eines F- und E-Programms einen Überblick auf das in Aussicht genommene Problemfeld zu verschaffen. Zu diesem Zweck wird eine Studie in Auftrag gegeben, an deren Erstellung verschiedene dafür kompetente Stellen aus Wirtschaft und Wissenschaft mitwirken. Um möglichst vielfältige Aspekte einer Fragestellung berücksichtigen zu können, werden gelegentlich auch Parallelaufträge vergeben. Zur Vermeidung personeller Abhängigkeiten werden die Gutachter häufig gewechselt[13].

Im Zuge der stärkeren Hinwendung zur bedarfsorientierten Forschungs- und Technologieförderung ist die Projekt- und Programmplanung intensiviert worden. Diese Entwicklung hängt nicht nur mit der Zielverschiebung innerhalb des Spektrums grundlagen- bzw. anwendungsorientierter Forschungsförderung zusammen, sondern auch mit Etateinschränkungen, die dazu zwingen, bei der Mittelbewirtschaftung strengere Maßstäbe anzulegen.

Über 90 % der Fördermittel werden im Rahmen von F- und E-Anträgen ausgegeben. Eine wichtige Funktion der Ministerialverwaltung besteht darin, die eingehenden Anträge mit den Zielvorstellungen des Staates in Einklang zu bringen. Diese Abstimmung bereitet Schwierigkeiten. Die Projektanträge sind häufig so ungenau und allgemein formuliert, daß auf dieser Grundlage Entscheidungen über die Förderungswürdigkeit nicht getroffen werden können. Deshalb werden Gutachtergremien gebildet, die sich um Detaillierung der Projektentwürfe und die Präzisierung der Fragestellung bemühen sowie die Anträge auf Übereinstimmung mit den Förderzielen hin überprüfen. Anschließend erhalten die Antragsteller Gelegenheit, eine ausführliche Vorstudie zu entwickeln. Aber auch wenn der Forschungsplan vom Ministerium gebilligt wird, kann es bei größeren Bewilligungssummen notwendig sein, ein Projekt in mehrere Bearbeitungsstufen zu untergliedern und abschnittsweise zu finanzieren. Die Fortsetzung der Förderungsmaßnahme wird dann von dem Erfolg der vorausgegangenen Projektstufen abhängig gemacht.

Bei konkurrierenden Projekten wird vorläufig noch in Ermangelung quantitativer Verfahren aufgrund qualitativer Kriterien entschieden. Das Schwergewicht des Ausleseverfahrens besteht darin, einen umfangreichen Kriterienkatalog aufzustellen. Berücksichtigt werden vor allem die Breite und Gültigkeit der fachlichen Argumente, die Wichtigkeit eines F- und E-Vorhabens für die wirtschaftliche Entwicklung, die vorhandenen Kapazitäten im Bereich von Forschung und Entwicklung und die Ausgewiesenheit des Antragstellers für das in Aussicht genommene Vorhaben. Neben der Verfeinerung der qualitativen Entscheidungsver-

---

[13] Vgl. Rembser 1976, S. 145 ff.

fahren werden im BMFT Versuche mit quantitativen Methoden der Prioritätenfindung unternommen. Aufgrund der dabei gemachten Erfahrungen glaubt man, daß die Erfolgsaussichten nicht ungünstig sind.

Im Gegensatz zum BMWi, dessen Programme besonders durch das Ziel der Mittelstandsförderung bestimmt werden, d. h. betriebsgrößenbedingte Wettbewerbsnachteile durch staatliche Hilfe zu kompensieren sucht, orientiert sich das BMFT an der wissenschaftlich-technischen Leistungsfähigkeit seiner Kooperanten. Diese variiert allerdings häufig mit der Betriebsgröße. Tatsächlich sind die größeren Unternehmen in den Förderungsprogrammen des BMFT häufiger als kleine. Dem deshalb möglichen Vorwurf einseitiger Begünstigung begegnet man damit, daß sich kleinere Betriebe, abgesehen von ihrer fehlenden F- und E-Ausstattung größeren Projekten leicht übernehmen und von dem Erfolg eines solchen Großprojekts auf Gedeih und Verderb abhängig werden könnten[14]. Es sei deshalb sinnvoller, kleineren Unternehmen Gelegenheit zu geben, sich durch Übernahme von Unteraufträgen an Großprojekten zu beteiligen. Teilprojekte, die von der Großindustrie weitergegeben werden, müssen ausgeschrieben werden. Schwierigkeiten bei der staatlichen Innovationsförderung treten jedoch nicht nur als Folge zu geringer Firmengröße auf; es kommt auch vor, daß repräsentative Firmen wegen ihrer starken Stellung im Wettbewerb nicht daran interessiert sind, sich an staatlichen Förderungsprogrammen zu beteiligen, entweder weil sie nicht bereit sind, Auflagen wie die Veröffentlichung von Untersuchungsergebnissen zu erfüllen oder weil sie die Offenlegung ihrer Kostenrechnung gemäß den Bewilligungsrichtlinien scheuen. In der überwiegenden Zahl der Fälle haben die finanziellen Anreize jedoch für eine ausreichende „Motivationsdichte" gesorgt.

Diese direkte Förderung stellt für die Bereitschaft zu technologischen Großrisiken einen wirksameren Anreiz dar als die mittelbar wirkende Beeinflussung des Innovationsklimas, dessen Effektivität mit der Marktnähe eines Innovationsvorhabens zunimmt. Die vom BMFT gewährten direkten Zuwendungen unterscheiden sich nach der Höhe des staatlichen Anteils und der Laufzeit.

Dementsprechend werden die folgenden drei Finanzierungsmodelle angewendet:

(1) ein Zuschuß bis zu 50 % der anfallenden Kosten bei einer Laufzeit bis zu fünf Jahren;

(2) ein Zuschuß von 55 — 75 % bei einer Laufzeit zwischen fünf und zehn Jahren;

(3) ein Zuschuß von 75 % bei einer Laufzeit zwischen zehn bis fünfzehn Jahren.

---

[14] Vgl. Rembser 1976, S. 151.

Neben der direkten Kostenerstattung, deren Angemessenheit während des Projektverlaufs genau nachgeprüft wird, ist auch eine Förderung über Risikobeteiligungsbeiträge möglich. In diesem Zusammenhang ist die ebenfalls mit staatlicher Hilfe gegründete Deutsche Wagnisfinanzierungsgesellschaft m. b. H. (WFG) zu erwähnen. Die Aufgabe dieser privatrechtlich organisierten Einrichtung besteht in der Bereitstellung von risikotragendem Kapital und Beratung bei der Entwicklung, Übernahme und Einführung neuer Produkte oder Produktionsverfahren. Diese Form der staatlichen Hilfe soll vor allem kleineren und mittleren Firmen zugutekommen. Sie ist auch für solche Unternehmen gedacht, die zum Zweck der kommerziellen Auswertung neuer Technologien gegründet werden. Gegenüber anderen Formen der mittelstandsorientierten Innovationsförderung bestehen bei diesem Programm gewisse, in der offiziellen Beschreibung nicht ausdrücklich erwähnte Unterschiede.

Als Leitvorstellung dient hier offenbar die sogenannte science based firm, also jener Unternehmenstyp, der durch konsequente Übertragung neuer naturwissenschaftlich-technischer Erkenntnisse überdurchschnittliche Erfolge zu erzielen vermag. Diese sind, was die technologische Leistungsfähigkeit anbelangt, nicht unbedingt an die Unternehmensgröße gebunden. Seit den Anfängen einer Theorie der unvollkommenen Konkurrenz wird darüber gestritten, ob durch größenbedingte Einschränkungen des Wettbewerbs die Innovationsbereitschaft erhöht oder verringert wird. Für beide Tendenzen gibt es eine genügende Zahl von Beispielen. Es herrscht aber auch weitgehend Einigkeit darüber, daß die bürokratische Struktur großer Betriebe Starrheiten hervorruft, die den Innovationsprozeß eher behindern als fördern. So kann der Fall eintreten, daß ein Großunternehmen trotz seiner Kapitalkraft hinter seinen technologischen Möglichkeiten zurückbleibt, während Kleinunternehmen mit neuen Ideen bereitstehen, zunächst aber die vor ihrer Verwirklichung stehenden finanziellen Hürden nehmen müssen.

In den Vereinigten Staaten ist man zuerst gezielt daran gegangen, dieses innovatorische Potential zu nutzen und dem frühkapitalistischen Kalkül, daß erhöhten Risiken im Erfolgsfall auch überdurchschnittliche Gewinne gegenüberstehen, erneute Geltung zu verschaffen. Auf dem Kapitalmarkt ist ein neuer Typus des Anlegers in Erscheinung getreten, der statt der sicheren Rendite auf noch weitgehend unbekannte, aber technologisch vielversprechende Neugründungen oder Kleinunternehmen zu setzen bereit war. Bei der Gründung der Deutschen Wagnisfinanzierungsgesellschaft hat offensichtlich dieses amerikanische Modell des venture capital Pate gestanden. Während dieses jedoch stärker das spekulative Moment betont, überwiegt bei der WFG das Prinzip der Risikominderung. Zweck dieses Instituts ist der Erwerb von Beteiligungen an Firmen, die sich mit der Entwicklung technologisch anspruchsvoller Projekte beschäftigen, denen auch hinsichtlich ihrer kommerziellen Verwertbarkeit eine günstige Prognose gestellt werden kann. Erreicht ein derartiges Vorhaben die Rentabilitätswelle, wird die Beteiligung wieder veräußert, wobei den verbleibenden Gesellschaftern ein Vorkaufsrecht eingeräumt wird. Die staatliche Hilfe besteht in der Garantie eines anteiligen Verlustausgleichs für diese Anteile, deren Höhe sich zwischen DM 100 000 und 2 Mill. bewegt. Neben dieser Form der Beteiligungsfinanzierung werden auch Kredite vermittelt, die zweckgebunden für die Innovationsförderung zur Verfügung gestellt werden.

Abschließend werden die Merkmale der technologiepolitischen Innovationsförderung in Abbildung 7 zusammengefaßt.

*Abb. 7: Kennzeichen des innovationspolitischen Entscheidungssystems des BMFT*

| Ressort / Dimensionen | BMFT |
|---|---|
| 1. Aufgabenstellung | |
| — Umfang | Innovationsbegriff weit definiert |
| — Bezugssystem | Gesellschaft, Volkswirtschaft |
| — Grad der Arbeitsteilung | arbeitsteilig |
| — Formalisierung | gering formalisiert |
| 2. Strategien | |
| — Wirkungsmodell | demand pull |
| — Wirkungszusammenhang | spezifisch |
| — Interventionsmodus | direkt |
| — Beurteilungsnorm | universalistisch |
| — Initiative | aktiv |
| — Planungshorizont | langfristig |
| — Prioritätskriterium | soziale Akzeptanz |
| 3. Entscheidungsstruktur | |
| — Zentralisierung | zentralisiert |
| — Kooperationsweise | vertikal mit Forschungsinstituten |
| — Zusammenarbeit | Promotoren |
| — Funktionen | Innovationsentscheidung |

### *4.3.1. Das Rahmenprogramm für Energieforschung*

Wie aus der oben wiedergegebenen Projektübersicht hervorgeht, nimmt die Energieforschung unter den Maßnahmen des BMFT eine zentrale Stellung ein. Dieses Rahmenprogramm unterscheidet sich von vergleichbaren Aktivitäten des BMFT in verschiedener Hinsicht. Ein Unterscheidungskriterium bildet die Energiequelle. Das Bundeswirtschaftsministerium ist hauptsächlich zuständig für F- und E-Projekte, die der wirtschaftlichen Gewinnung und Verwertung der Kohle dienen. Da der Bergbau und der Kohlepreis zwei gewichtige wirtschaftspolitische Faktoren darstellen, kann hier die Energiepolitik als Teilbereich der Wirtschaftspolitik angesehen werden. Als weiteres Merkmal ist die Fristigkeit in Betracht zu ziehen. Angesichts der sich schnell wandelnden technischen und wirtschaftlichen Bedingungen liegt es nahe, auf mittlere Sicht zu planen. Deshalb sind die Programme des BMWi zunächst bis zum Jahr 1985 terminiert. Das BMFT befaßt sich mit der Erschließung und Nutzung verschiedener Energiequellen. Dabei spielt neben der sicheren Verfügbarkeit und Umweltverträglichkeit auch die Wirtschaftlichkeit eine Rolle. Da es sich bei diesen Projekten jedoch großenteils noch um die Entwicklung neuer Möglichkeiten handelt, deren Realisierung erst nach 1985 erwartet wird, fehlt zum gegenwärtigen Zeitpunkt noch der unmittelbare wirtschaftspolitische Bezug.

Das Energieforschungsprogramm des BMFT wurde 1973 mit einem Finanzvolumen von DM 30 Mill. begonnen, das bald darauf wegen der durch die Ölkrise geschaffenen Dringlichkeit auf DM 150 Mill. aufgestockt und seitdem um jährlich DM 20 Mill. erhöht wurde. Der Betrag von 150 Mill. war willkürlich angesetzt worden, da eine inhaltliche Beschreibung des Programms noch nicht vorlag. Das Problem bestand darin, den Haushaltsausschuß zur Bewilligung von Mitteln zu bewegen, bevor ausgearbeitete Projektentwürfe vorgelegt werden konnten. Die Anerkennung des Programms brachte jedoch den Vorteil, daß für diesen Schwerpunkt während einer Laufzeit von vier Jahren aufgrund einer Verpflichtungsermächtigung des Bundes die veranschlagten Mittel mit Sicherheit auch zur Verfügung stehen. Andererseits wird durch diese Bindung der Spielraum für die Mittelverwendung in den folgenden Jahren eingeengt. Vielleicht wäre es deshalb sinnvoller gewesen, mit einem geringeren Betrag anzufangen und entsprechend dem Projektfortschritt größere Steigerungsraten einzusetzen.

### *4.3.2. Wissenschaftliche Hilfseinrichtungen*

Obwohl das BMFT Funktionen wahrnimmt, die sich von den traditionellen Formen des Verwaltungshandelns wesentlich unterscheiden, bildet es gleichwohl einen Teil der staatlichen Administration. Es ist deshalb zur Erfüllung seiner Aufgaben auf die fachliche Kompetenz und auch auf die Analysekapazität externer Stellen angewiesen. Wie erwähnt, kann der Bundesminister für Wirtschaft zu diesem Zweck ressorteigene Einrichtungen in Anspruch nehmen. Der Bundesminister für Forschung und Technologie ist nicht in gleicher Weise ausgestattet. Als funktionales Äquivalent für die Bundesanstalten könnten am ehesten die Kernforschungszentren angesprochen werden, die dem Typ des Nationallaboratoriums in angelsächsischen Ländern und in Frankreich entsprechen. Da zwischen diesem Institutstyp und der Organisationsform der Bundesanstalt wesentliche Unterschiede bestehen, liegt es nahe, der Frage nachzugehen, wieweit diese Unterschiede Hinweise auf weitere Besonderheiten wirtschafts- bzw. technologieorientierter Innovationsförderung zulassen.

Die Kernforschungszentren wurden nach dem Zweiten Weltkrieg als Vereinigungen des privaten Rechts gegründet. Sie verkörpern den modernen Typus der Projektwissenschaften, die nach W. Häfele[15] durch folgende Merkmale gekennzeichnet sind:

— relativ konkrete und überschaubare Zielsetzung bei entsprechender Planbarkeit;

— großer Umfang in sachlicher, finanzieller und personeller Hinsicht;

— Langfristigkeit der geplanten Arbeiten;

— relativ hohe Erfolgswahrscheinlichkeit infolge der relativ konkreten Zielsetzung;

— erkennbare Notwendigkeit im nationalen oder internationalen Rahmen.

Wie unschwer zu erkennen ist, stimmen diese Merkmale weitgehend mit den Grundsätzen überein, die für die Förderungspolitik des BMFT maßgebend sind. Von den Bundesanstalten unterscheiden sich die Großforschungsanlagen sowohl in struktureller wie in funktionaler Hinsicht. Bei der Gründung dieser Einrichtungen hat man bewußt auf ihre Integration in den staatlichen Verwaltungsapparat verzichtet. Insbesondere wollte man den Zentren auf diese Weise ein höheres Maß an Unabhängigkeit sichern und diejenigen organisatorischen Nachteile vermeiden, die den Forschungsprozeß behindern, wenn er unter dem Einfluß formalbürokratischer Gestaltungsprinzipien gerät. In funktionaler Hinsicht unterscheiden sich die Bundesanstalten und die Forschungszentren dadurch, daß die Ergebnisse der Anstaltsforschung in erster Linie dazu dienen, die eigene Leistungsfähigkeit zu erhöhen, während die Großforschungsanlagen ihrer ursprünglichen Zweckbe-

[15] Häfele 1963.

stimmung nach Teile eines kooperativen Systems von Wissenschaft und Industrie bilden sollten. Unter dem Gesichtspunkt ihrer Anwendungsorientierung lassen sich diese Einrichtungen auch von Forschungsinstituten abgrenzen, die ihr Organisationsziel primär in der Gewinnung neuer Erkenntnisse sehen.

Trotz ihrer rechtlichen und organisatorischen Selbständigkeit besteht zwischen den Großforschungsanlagen und dem BMFT eine enge Beziehung, deren Anfänge bis in die Zeit des Atomministeriums zurückreichen. Die deutschen Erfolge auf dem Gebiet der Kerntechnik sind zu einem nicht geringen Teil dieser Verbindung geschuldet.

Die Kapazität der neugeschaffenen Kernforschungsanlagen, zu denen neben Jülich das Kernforschungszentrum Karlsruhe und — mit einigem Abstand — das Hahn-Meitner-Institut in Berlin gehören, wurde so ausgelegt, daß es möglich war, in verhältnismäßig kurzer Zeit den Anschluß an die internationale Entwicklung zu finden. In dem Maße, in dem dies gelungen ist, müssen die bisherigen Organisationsziele überprüft und ggf. an die neue Situation angepaßt werden. Es bleibt abzuwarten, wieweit dabei die projektwissenschaftliche Ausrichtung durch andere Funktionen, etwa solche gutachterlicher Art überlagert wird und möglicherweise eine Annäherung an die Aufgaben der Bundesanstalten bewirkt.

Während am Beratungswesen Vertreter aus allen Bereichen von Forschung und Entwicklung teilnehmen, sind in der institutionellen Förderung des BMFT neben den großen Forschungszentren noch weitere Einrichtungen mit anwendungsorientierter Zielsetzung vertreten. Die Grenze zu den Projektwissenschaften ist hier fließend. Unterschiede bestehen vor allem in der Größenordnung der Forschungsvorhaben und der fehlenden Bindung an einen bestimmten Anwendungsbereich, wie sie im Falle der Kerntechnik gegeben war, aber durch Zielverschiebungen nicht mehr durchweg besteht. Als typisch für derartige Institute können die Vertragsforschung und die wissenschaftlichen Einrichtungen der Frauenhofergesellschaft angesehen werden.

Die Vertragsforschung ist dadurch charakterisiert, daß die Durchführung von Forschungsaufträgen gegen Entgelt übernommen und die dabei gewonnenen Ergebnisse uneingeschränkt dem Auftraggeber zur Verfügung gestellt werden. Als größte Einrichtung dieser Art ist in der Bundesrepublik Deutschland das Battelle-Institut tätig. Das Institut arbeitet auf der Grundlage der Gemeinnützigkeit. Dieses Kriterium stellt jedoch keine notwendige Bedingung der Vertragsforschung dar. Entsprechend der Auftragsvielfalt ist das Battelle-Institut auf einer Reihe von Arbeitsgebieten tätig. Zur Zeit bestehen folgende Forschungshauptabteilungen:

— Biologie
— Chemie und Werkstoffe
— Ingenieurwesen
— Physik
— Wirtschafts- und Sozialforschung.

Dieser fachdisziplinären Gliederung stehen im Sinne einer matrixorganisatorischen Anordnung programmbezogene Schwerpunkte gegenüber, die je nach den geltenden Prioritäten gebildet und verändert werden können. Aufgabe einer Programmabteilung ist es, Kontakt zu Auftraggebern aus Industrie und Verwaltung zu halten, den Forschungsbedarf an die wissenschaftlichen Abteilungen zu vermitteln und gemeinsam mit diesen entsprechende Projekte zu entwickeln. Für die Schwerpunktbildung spielen die Forschungsprogramme der Bundesregierung eine Rolle. Diese Orientierung hat dazu beigetragen, daß sich das ursprünglich ausgewogene Verhältnis von privaten und öffentlichen Auftraggebern verschoben hat. Der staatliche Anteil liegt gegenwärtig bei etwa 85 %. Ein Verhältnis von 60 : 40 wird angestrebt. Durch Intensivierung der passiven Vertragsforschung, d. h. der Bearbeitung selbst gewählter Themen, sollen die notwendigen Voraussetzungen für diese Anpassungsmaßnahme geschaffen werden.

Innerhalb der Hauptabteilung „Wirtschafts- und Sozialforschung" besteht eine Abteilung „Innovationsforschung und Umweltökonomie". Ihr Arbeitsprogramm umfaßt Innovationsforschung i. e. S., methodische Untersuchungen, Aufbau und Ablauforganisation für die Innovationsaktivitäten einzelner Unternehmen, Planung einzelner Innovationsvorhaben für Unternehmen, Diversifikationsstudien, Instrumente und Methoden staatlicher Forschungs- und Technologieplanung, Planung staatlicher Forschungsprogramme oder -projekte, Technology Assessment. Der Innovationsbegriff wird hierbei sehr weit gefaßt als Gesamtprozeß, der von einer neuen Idee bis zur Stufe ihrer Verwirklichung reicht. Auf dem Energiesektor befaßt sich das Institut mit Problemen der Energietechnik und der Reaktorsicherheit, ohne sich allerdings auf diesem Gebiet entsprechend seiner Dringlichkeit engagiert zu haben.

Ähnliche Funktionen wie das Battelle-Institut nimmt im Bereich der angewandten Forschung das Institut für Systemtechnik und Innovationsforschung (ISI) wahr. Als wissenschaftliche Einrichtung der Fraunhofergesellschaft zur Förderung der angewandten Forschung unterscheidet es sich von der auf Kostendeckung angewiesenen Vertragsforschung hauptsächlich durch das Merkmal der institutionellen und nicht lediglich der projektbezogenen Förderung durch die öffentliche Hand. Das ISI ist selbst unmittelbar in Forschung und Entwicklung tätig. Es sieht vielmehr seine wichtigsten Ziele

— in der Umsetzung und sozialwissenschaftlich fundierten Steuerung neuer Technologien;
— in der Politikberatung;
— in der Managementhilfe für Innovationsvorhaben vor allem kleinerer und mittlerer Unternehmen.

Dazu gehören im einzelnen[16]:

— Erfassung und Prognose langfristiger Entwicklungstrends im technischen, wirtschaftlichen und politischen Bereich;
— Abschätzung und Bewertung von Folgen der Anwendung neuer Techniken;
— Suche nach lohnenden Anwendungsgebieten für neue Techniken (Diversifikation);
— Suche nach geeigneten Techniken zur Lösung technischer Probleme, Hilfe bei deren Anpassung und Weiterentwicklung;
— Vermittlung von technischem know how und von Lizenzen.

Bei der Abwägung der beiden Hauptfunktionen — Managementhilfe für die private Wirtschaft und Planungshilfe für staatliche Stellen — kann ein gewisses Übergewicht zugunsten des öffentlichen Interesses festgestellt werden. Während diese Hinwendung bei Battelle als Einseitigkeit empfunden wird, die aus der Auftragsstruktur resultiert, glaubt man im ISI, daß der Staat angesichts der erdrückenden Steuerungsprobleme des Innovationsgeschehens unbedingt auf externe Unterstützung angewiesen sei. Im Energiebereich werden computergestützte Modellanalysen angestellt. Untersucht wird der Einsatz alternativer Energieträger unter Berücksichtigung ihrer Nebenwirkungen. Die Beachtung der Randbedingungen macht eine Neubestimmung des Innovationsbegriffs notwendig. Durch die „Erfindung der Methode des Erfindens“[17] sind Innovationen weitgehend machbar geworden. Für die Steuerung des Innovationsprozesses kommt es daher nicht so sehr auf den Abbau von Barrieren an als auf die Wirkung von „enhancers“, d. h. verstärkenden Faktoren i. S. des demand-pull-Modells.

### 4.4. Innovationsförderung als regionales Entscheidungssystem

In den verschiedenen Förderungsprogrammen sind die Aufgabenbereiche, Strategien und Beteiligungsmöglichkeiten der regionalen Entscheidungsinstanzen festgelegt. Die Wirtschaftsministerien der Bundesländer üben vor allem in den folgenden Förderungsprogrammen wichtige Entscheidungsfunktionen aus: in dem Erstinnovationsförderungs-

[16] Vgl. BMFT 1975 b).
[17] Hetzler 1970, S. 14.

programm des BMWi und in den Innovationsförderungs- und Energieprogrammen auf Landesebene.

Da das BMWi selbst bestimmte innovative Entscheidungsfunktionen auf regionaler Ebene nicht wahrnehmen kann, ist das Erstinnovationsförderungsprogramm arbeitsteilig zwischen Bund und Ländern konzipiert. Die Aufgabe des Bundeswirtschaftsministeriums wird in erster Linie darin gesehen, die erforderlichen Mittel bereitzustellen, während den Wirtschaftsministerien der Länder die Durchführung und Kontrolle der Förderungsmaßnahmen obliegt. Die regionalen Innovationsprobleme der mittelständischen Wirtschaft und die Entscheidungsfunktionen für das BMWi bilden somit die beiden Bezugspunkte für die Aufgabenstellung der Wirtschaftsministerien. Entsprechend dem Innovationsbegriff, der dem Förderungsprogramm zugrunde liegt, ist dieser Aufgabenbereich verhältnismäßig eng definiert.

Durch das Erstinnovationsförderungsprogramm des BMWi sind auch die Aktivitäten der Wirtschaftsministerien in den verschiedenen Phasen des Entscheidungsprozesses weitgehend vorgegeben. So gaben die zuständigen Vertreter der Wirtschaftsministerien an, daß die Initiierung neuer Technologien für sie im Rahmen dieses Programms nur begrenzt möglich sei. Für die passive Förderungsorientierung wurden in den Interviews verschiedene Gründe genannt:

— die Mittel wären gegenwärtig zu knapp. Daß es mehr förderungswürdige Projekte gibt als tatsächlich gefördert würden, ließe sich daraus erkennen, daß nach Werbeaktionen für das Erstinnovationsförderungsprogramm mehr Anträge eingereicht worden wären;

— der Anstoß für Innovationen müsse von außen kommen, da das Ministerium über keinen Sachverstand für Detailfragen verfügt;

— es müßten erst einmal Erfahrungen mit dem Programm gesammelt werden, bevor man stärker initiativ werden könnte.

In der Antragsphase beschränken sich die Aktivitäten der Wirtschaftsministerien weitgehend auf die Beratung der Antragsteller. Zur Beratungstätigkeit gehört, daß den kleinen und mittleren Unternehmen bei der Antragstellung geholfen wird. Da die Antragsteller nicht primär von dem gesellschaftlichen Bedarf, sondern von ihren technischen Möglichkeiten ausgehen, beruhen diese Förderungsstrategien auf dem Wirkungsmodell des technology-push.

In der Phase der Entscheidungsfindung nehmen die Wirtschaftsministerien für das BMWi die Prüfung der Anträge vor. Zur Beurteilung der Unternehmen werden Betriebsbesichtigungen durchgeführt und Stellungnahmen von den Banken eingeholt. Für die fachliche Begutachtung der Projekte werden nach Möglichkeit andere staatliche Stellen herangezogen, da dies keine Kosten verursacht. Dank dieser strengen Vorprüfung liegt die Erfolgschance der an das BMWi weitergeleiteten Anträge sehr hoch.

Wie bereits weiter oben ausgeführt, ist die Entscheidungsstruktur im Rahmen des Erstinnovationsförderungsprogramms durch sternförmige vertikale Kooperationsbeziehungen der Länderministerien zum BMWi gekennzeichnet. Zwischen den Wirtschaftsministerien bestehen nur informale Kooperationsbeziehungen. Auf Länderebene wurden für die Innovationsförderung teilweise eigene Referate geschaffen; teilweise wurden bestehende Organisationseinheiten mit dieser Aufgabe zusätzlich betraut. Da es sich im Verhältnis zur Gesamtorganisation um kleine Einrichtungen handelt, wirken sich neben den durch die sozio-ökonomischen Besonderheiten der Länder hervorgerufenen Unterschiede auch persönliche Faktoren wie etwa das Selbstverständnis des zuständigen Referenten in der Förderungspraxis aus.

In der Erstinnovationsförderung sind die Aufgabenverteilung, Strategien und Entscheidungsstrukturen nach Auskunft der zuständigen Vertreter weitgehend zufriedenstellend geregelt. Als noch ungelöst wurde dagegen das Problem der Rückzahlung von Fördermitteln bezeichnet. Dem staatlichen Interventionsziel gemäß soll eine gezielte Mittelstandspolitik betrieben werden, bei der das Innovationspotential und die Bedürftigkeit mittlerer und kleinerer Unternehmen ausschlaggebend sein sollten. Die geltenden Bestimmungen sehen vor, daß die Rückzahlung der Mittel nur bei erfolgreicher Verwirklichung eines Innovationsvorhabens zu erfolgen hat. Diese Regelung wurde in einem Bundesland als paradox bezeichnet, da sie einer Bestrafung im Erfolgsfall gleichkäme. Würde man dagegen die Zuwendung bei einem gescheiterten Projekt zurückfordern, würde die Erfolglosigkeit doppelt bestraft. Bei dieser Betrachtungsweise wird jedoch offensichtlich die Funktion der staatlichen Förderung verkannt, die nicht als Subvention gedacht ist sondern der Risikominderung dienen soll. Erwägenswert ist der Gedanke, einen Fond aus den zurückfließenden Mitteln zu bilden. Auf diese Weise wäre es möglich, die für die Erstinnovationsförderung verfügbare Finanzmasse zu erhöhen. Diese Erwägung ist jedoch spekulativ. Da das Programm erst seit 1971 besteht, gibt es noch keine Anhaltspunkte dafür, wie hoch die dadurch bewirkten Erfolge und damit die Rückzahlungsquote zu veranschlagen sind.

Im Vergleich mit der Erstinnovationsförderung üben die Landesministerien in ihren regionalen Programmen zur Entwicklung und Einführung neuer Technologien größere Entscheidungsfunktionen aus. Das soll insbes. am Energieprogramm von Nordrhein-Westfalen und am Innovationsförderungsprogramm von Baden-Württemberg dargestellt werden.

In der Energiepolitik des Landes Nordrhein-Westfalen werden durch den Aufgabenbereich alle Phasen des Innovationsprozesses abgedeckt. Die Aufgabenstellung ist also relativ weit definiert. Wegen des wachsenden Energiebedarfs wird eine Erweiterung der staatlichen Aktivitäten tendenziell für erforderlich gehalten. Das gilt insbes. für den Bereich der Atomtechnik und der heimischen Rohstoffquellen. Die Grenzen der staatlichen Förderungsaufgaben werden jedoch dort gesehen, wo die Interventionen die Erfindungsbereitschaft und Risikofreudigkeit der Unternehmen einschränken würden.

In der Phase der Initiierung neuer Tendenzen wurde das staatliche Förderungsverhalten als aktiv und passiv beurteilt. Die passive Orientierung wurde damit erklärt, daß die zuständigen Referenten, die die Rolle von Einzelkämpfern auf den einzelnen Fachgebieten in den Ministerien ausüben, nicht überall neue Projekte initiieren könnten. Sie wären daher auf die Vorschläge aus der Wirtschaft angewiesen. Als Begründung für das aktive Förderungsverhalten wurde angeführt, daß die Behörde gegenüber dem Steuerzahler verpflichtet sei, bei der Projektförderung auf die unternehmerischen Finanzierungsmöglichkeiten und auf die Richtung der Energieentwicklung zu achten. Die Initiierung neuer Technologien im Energiebereich wurde daher als Wechselbeziehung zwischen der Wirtschaft und dem Ministerium gesehen.

Die Beurteilung der Projekte erfolgt nicht anhand eines genau vorgegebenen Kriterienkatalogs, sondern anhand eines allgemeinen Förderungsrahmens. Ob ein Innovationsvorhaben förderungswürdig ist, wird u. a. anhand der technischen Möglichkeiten, des verfügbaren Fachpersonals und der vorhandenen Rohstoffe geprüft. Wenn dabei mehrere sachliche Alternativen vorliegen, kann die Auswahl eines Projekts nur durch eine politische Entscheidung getroffen werden.

Die Entwicklung und Einführung neuer Technologien im Energiebereich wird direkt und indirekt gefördert. Als wesentliche Maßnahmen wurden dabei die finanziellen Möglichkeiten des Landes, die Wirtschaftspolitik des Bundes und die Gesetzgebung genannt, die an die neue energiepolitische Situation angepaßt werden muß.

Die Finanzplanung erfolgt auf drei Jahre im voraus, während sich die Projektplanung über einen Zeitraum von vier bis sechs Jahren erstreckt. Eine Planung, die über diesen Zeitraum hinausgeht, wird für nicht zweckmäßig gehalten. Als Grund wurde hierfür angegeben, daß dadurch die Flexibilität, die im Planungsprozeß notwendig ist, um den jeweils neuesten Erkenntnisstand bei der Projektförderung berücksichtigen zu können, zu stark eingeschränkt würde. Der Zeitraum 1980—85 wurde dabei als kritischer Abschnitt in der Energieplanung bezeichnet, da man dann erst die jetzige Entwicklung im Bereich der Kernkraftwerke und der Kohle richtig einschätzen kann.

Im Hinblick auf die Entscheidungsstrukturen wurde festgestellt, daß die Energiekrise zu einer stärkeren Zusammenarbeit des Landes Nordrhein-Westfalen sowohl mit dem BMFT im Bereich der Kernenergie als auch mit dem BMWi bei der Förderung von bergbaulichen Verfahren geführt hat. Auf Landesebene werden beide Gebiete durch das Ministerium für Wirtschaft, Mittelstand und Verkehr koordiniert. Für den Bereich bergbaulicher Verfahren besteht ein Beratergremium, in dem folgende Einrichtungen vertreten sind:

— die Hochschulen mit dem Fachgebiet „Bergbau";
— der Bergbau durch ehemalige, im Ruhestand lebende Vorstandsmitglieder, die ihre Industrieerfahrung einbringen;
— die Bergbaubehörde des Landes Nordrhein-Westfalen;
— das Wirtschaftsministerium des Landes Nordrhein-Westfalen;
— die Regierung des Saarlandes;
— das Bundesministerium für Wirtschaft und das für Forschung und Technologie.

Energiepolitische Maßnahmen sind nicht nur von wirtschaftspolitischem Belang. Deshalb befassen sich auch andere Ressorts des Landes mit speziellen Folgeproblemen der energiepolitischen Entwicklung; so z. B. das Ministerium für Gesundheit und Soziales, die Staatskanzlei und — für die Schaffung der materiellen Voraussetzungen — das Finanzministerium.

Das Wirtschaftsministerium des Landes Nordrhein-Westfalen ist auch zuständig für die Durchführung von Genehmigungsverfahren im Nuklearbereich im Gegensatz zu nichtnuklearen Vorhaben, die durch den Regierungspräsidenten entschieden werden. In beiden Fällen müssen die Bestimmungen der Gewerbeaufsicht und des Umweltschutzes beachtet werden. Gerade auf dem zuletzt genannten Gebiet kann seit einigen Jahren eine wachsende Sensibilisierung der Öffentlichkeit beobachtet werden. Der Ablauf der Genehmigungsverfahren wird dadurch in fühlbarer Weise beeinflußt. Da es sich hierbei um ein öffentliches Verfahren handelt, kann jederzeit Einspruch erhoben werden. Von dieser Möglichkeit wird zunehmend Gebrauch gemacht. Sosehr diese Partizipation der breiten Bevölkerung auf der einen Seite begrüßt wird, sosehr kann das Verfahren dadurch behindert werden. Die Reaktion der Öffentlichkeit muß in die Planung einbezogen werden. Die Entwicklung umweltfreundlicher Technologien in der Energieversorgung erhält dadurch zusätzliche Impulse.

Da das Innovationsförderungsprogramm von Baden-Württemberg erst Ende 1976 beschlossen wurde, beruhen die folgenden Ausführungen weitgehend auf den Stellungnahmen der Landesregierung. Danach soll sich die Aufgabenstellung des Wirtschaftsministeriums in der Innovationsförderung ähnlich wie in der Wirtschaftsförderung auf die Bereiche beschränken, in denen die Innovationstätigkeit von Wissenschaft und Wirtschaft nicht ausreichen und in denen der Staat daher Koordinierungs- sowie Anreizfunktionen übernehmen muß. Solche staatlichen Interventionen erstrecken sich vor allem auf die folgenden Innovationsbereiche:

— „Entwicklungsvorhaben kleiner und mittlerer Betriebe
— Einrichtung der Fertigung für neue Produkte
— Anwendungsorientierte Forschung
— Technologieberatung und Technologievermittlung[18]."

Aus dieser Abgrenzung der Aufgabenstellung wird deutlich, daß der Förderungsbereich und das Bezugssystem relativ eng festgelegt sind. Im Innovationsprozeß werden dadurch nur die Anwendungs- und Transferphase berücksichtigt. Die kleinen und mittleren Unternehmen bilden dabei das Bezugssystem für die innovative Aufgabenstellung des Landesministeriums. Eine Orientierung an allgemeineren Bezugssystemen wie z. B. an den Erfordernissen einzelner Branchen wird dagegen im Programm abgelehnt[19].

Bei der Erfüllung dieser Aufgabenstellung wird angeführt, daß das Förderungsprogramm mittelfristig geplant werden soll. Darüber hinaus werden die folgenden Strategien für den staatlichen Entscheidungsprozeß in der Innovationspolitik erwähnt. In der Phase der Initiierung will die Landesregierung die Aufgabe der Ideenfindung in erster Linie der Wirtschaft überlassen. Somit kann die Förderungsorientierung als passiv bezeichnet werden. In der Beurteilungsphase werden die Anträge vor allem nach partikularistischen Kriterien geprüft. Der einzelwirtschaftliche bzw. branchenspezifische Nutzen eines Projekts soll ausschlaggebend für die Förderungswürdigkeit sein. Die Finanzierung der ausgewählten Vorhaben soll nach dem Grundsatz erfolgen, daß der Staat nur einen Teil des unternehmerischen Innovationsrisikos übernimmt. Außerdem sollen die Unternehmen diese Mittel im Erfolgsfall voll zurückzahlen. Durch diese Form der Finanzierungs- und Risikobeteiligung soll erreicht werden, daß die Unternehmen beim Ministerium nur Anträge für marktgerechte Innovationen stellen[20].

Die Entscheidungsstrukturen werden in dem Innovationsförderungsprogramm fast gar nicht beschrieben. Über die institutionellen Lösun-

[18] Ministerium für Wirtschaft, Mittelstand und Verkehr Baden-Württemberg 1976, S. 17.
[19] Ebenda, S. 14 f.
[20] Industrie- und Handelskammer zu Koblenz u. a., o. J., S. 5.

gen läßt sich daher nur soviel sagen, daß die Zuständigkeit beim Wirtschaftsministerium des Landes Baden-Württemberg liegt und daß dieses Ministerium aufgrund der Aufgaben in der Technologievermittlung und Technologieberatung relativ eng mit anderen regionalen Stellen zusammenarbeiten muß.

Die Innovationsberatungsstellen der Industrie-, Handels- und Handwerkskammern, die in Baden-Württemberg und Rheinland-Pfalz errichtet wurden, gehören zu solchen regionalen Stellen. Entsprechend dem Innovationsbegriff, unter dem „die Anwendung neuer Technologien, Verfahren und Produkte“ verstanden wird, konzentriert sich die Beratungsstelle in Rheinland-Pfalz (BITT) auf die folgende Aufgabenstellung:

„BITT vermittelt
- Spezialisten für die Anwendung neuer Technologien und Verfahren im Betrieb
- Technologieberater

BITT berät über
- Möglichkeiten finanzieller Förderung von Erfindungen und neuen Verfahren
- Finanzierungserleichterungen zur Innovation

BITT beantwortet Fragen über
- Patente, Gebrauchsmuster, Warenzeichen, Lizenzen, Patentauslegestellen
- Steuervergünstigungen für Erfindungen

BITT benennt auf Anfrage
- Patentanwälte und
- Patentingenieure“[21].

Neben dieser Lösungshilfe bei Einzelproblemen erwähnt Schumacher noch die folgenden Aufgabenbereiche der Innovationsberatungsstellen der IHK in Heidelberg:

- Vertretung von Forschungs- und Technologiebelangen im regionalen Kontext
- Mitwirkung im Innovationsberatungsverbund[22].

Mit den genannten Aufgabenbereichen sind vor allem Beratungs- und Vermittlungstätigkeiten verbunden. Das Innovationsproblem eines kleinen oder mittleren Unternehmens wird entweder direkt von der Beratungsstelle bearbeitet oder an entsprechende F- und E-Einrichtungen und Finanzierungsquellen weitergeleitet, die dann ihre Lösungsvor-

[21] Industrie- und Handelskammer zu Koblenz u. a., o. J., S. 5.

[22] Vgl. Schumacher 1977.

schläge an das Unternehmen senden (Abb. 8). Es wurde von Schumacher darauf hingewiesen, daß die erfolgreiche Ausübung solcher Beratungs- und Vermittlungstätigkeiten von der besonderen Qualifikation des Rollenträgers abhängt[23]. Erforderlich ist hierfür nicht nur eine naturwissenschaftliche Ausbildung sondern auch der Kontakt zu den verschiedenen wissenschaftlichen Einrichtungen und staatlichen Stellen der Innovationsförderung. Das stellt für die Beratungsstellen ein besonderes Problem dar. Da sie personell relativ knapp besetzt sind, müssen diese unterschiedlichen Fähigkeiten alle von einer Person ausgeübt werden. Durch die bestehenden Ausbildungsgänge und Laufbahnen wird jedoch diese Kombination von innovativen Fähigkeiten kaum gefördert.

*Abb. 8: Arbeitsweise der Beratungsstelle für Innovation und Technologietransfer (BITT) in Rheinland-Pfalz**

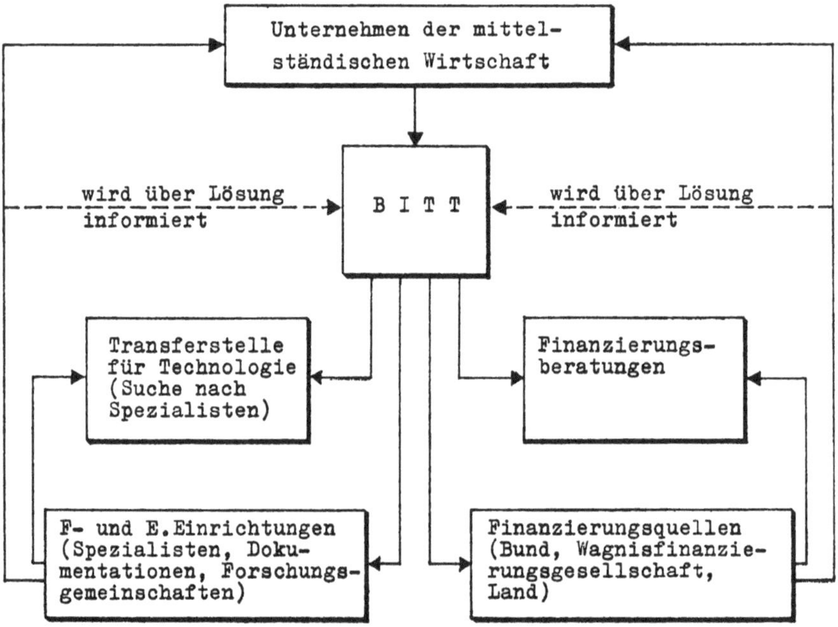


* Mies 1977.

Die Innovationsberatungsstellen sollen dagegen nach Vorstellung der IG Metall mit verschiedenen Funktionsträgern besetzt werden. Den Aufsichtsrats- und Beratungsgremien der IBS sollen nicht nur Wissenschaftler und Unternehmer sondern auch Vertreter der Gewerkschaften,

[23] Ebenda.

Verbraucherverbände und der öffentlichen Verwaltung angehören[24]. Diese personelle Zusammensetzung beruht auf einer starken Differenzierung nach der jeweiligen Spezialisierung und Interessenorientierung im Innovationsprozeß. Die Beschäftigten und externen Berater der IBS sollen über Mitbestimmungsrechte verfügen, die sich auf alle Phasen des Entscheidungsprozesses erstrecken sollen[25]. Die Entscheidung über einzelne Technologien soll in enger Kooperation mit anderen Stellen erfolgen, die auf regionaler Basis und auf der Landes- und Bundesebene bestehen. Vorerst ist die Gründung einer Modelleinrichtung in Baden-Württemberg geplant, die mit Hilfe des BMFT und der Landesregierung finanziert werden soll.

Für die Erfüllung der Aufgabenstellung, die in erster Linie im Abbau von Innovationsbarrieren in der mittelständischen Wirtschaft besteht, werden nicht nur Beratungs- und Vermittlungstätigkeiten durchgeführt, sondern es sollen auch Listen über den künftigen sozialen Bedarf und Branchenberichte über stagnierende und expandierende Produktionen als Entscheidungshilfen erstellt werden[26]. Im Gegensatz zu den Bezugssystemen der anderen Beratungsstellen wird hierbei jedoch die Qualifikation der Arbeitnehmer als primärer Bezugspunkt bei der Projektförderung gewählt.

Abschließend sollen die verschiedenen Angaben über das regionale Entscheidungssystem der Innovationsförderung zusammengefaßt werden (s. Abb. 9). Aus der Übersicht geht hervor, daß das IBS-Konzept in der Aufgabenstellung, den Strategien und Entscheidungsstrukturen von den anderen Förderungsprogrammen abweicht, indem es die Entscheidungsmöglichkeiten von bisher benachteiligten Interessengruppen in den verschiedenen Phasen des Innovationsprozesses vergrößert und bei der Wahl der Maßnahmen stärker das Kriterium der sozialen Akzeptanz berücksichtigt.

## 4.5. Zusammenfassung

Aus der Analyse des innovationspoltischen Entscheidungssystems geht hervor, daß zahlreiche Entscheidungsträger aus Politik, Wirtschaft und Wissenschaft in verschiedenen Phasen der Technologieförderung mitwirken. Trotz der komplexen Entscheidungsstrukturen ist zu berücksichtigen, daß bei dieser Analyse nur ein begrenzter Ausschnitt des „nationalen Forschungs- und Innovationsverbundes“[27] erfaßt wurde. Im folgenden soll untersucht werden,

---

[24] Vgl. Hinz 1976, S. 625.
[25] Ebenda.
[26] Ebenda, S. 624.
[27] Harmsen / Niederwemmer 1976, S. 15.

*Abb. 9: Kennzeichen des regionalen Entscheidungssystems der Innovationsförderung*

| Merkmale | Innovationsförderung der Wirtschaftsministerien | Innovationsförderung nach dem IBS-Konzept | Innovationsförderung der Industrie-, Handels- und Handwerkskammern |
|---|---|---|---|
| 1. Aufgabenstellung | | | |
| — Umfang | eng definiert | weit definiert | sehr eng definiert |
| — Bezugssystem | kleine und mittlere Unternehmen | kleine und mittlere Unternehmen | kleine und mittlere Unternehmen |
| — Arbeitsteilung | arbeitsteilig | arbeitsteilig | arbeitsteilig |
| — Formalisierung | genau festgelegt | grob festgelegt | genau festgelegt |
| 2. Strategien | | | |
| — Wirkungsmodell | technology push | demand pull | technology push |
| — Wirkungszusammenhang | spezifisch | spezifisch | spezifisch |
| — Interventionsmodus | direkt | direkt | direkt |
| — Beurteilungsnorm | partikularistisch | partikularistisch / universalistisch | partikularistisch |
| — Initiative | passiv | aktiv | passiv |
| — Planungshorizont | mittelfristig | mittelfristig | kurzfristig |
| — Prioritätskriterium | Machbarkeit | soziale Akzeptanz | Machbarkeit |
| 3. Entscheidungsstrukturen | | | |
| — Zentralisierung | zentralisiert | dezentralisiert | dezentralisiert |
| — Kooperation | stärker vertikal | horizontal / vertikal | horizontal |
| — Zusammenarbeit | Promotoren | Promotoren / Betroffene | Promotoren |
| — Funktionen | Beratungs- und Entscheidungsfunktionen | Anstoß-, Entscheidungs- und Kontrollfunktionen | Beratungs- und Vermittlungsfunktionen |

— nach welchen Förderungskriterien die innovationspolitischen Entscheidungen getroffen werden und inwieweit diese Kriterien mit den Merkmalen in der Innovationstheorie übereinstimmen,
— welche Erwartungen die verschiedenen Entscheidungsträger an eine staatliche Innovationspolitik stellen.

Die an der Innovationspolitik beteiligten Entscheidungsträger stimmen in ihren Förderungsorientierungen insoweit überein, als sie ähnliche Entscheidungskriterien für wichtig halten. Die Ähnlichkeit zeigt sich vor allem bei den folgenden Förderungskriterien: Betriebsgröße, Art der Technologie und Prozeßphase. Die Entscheidung über die Förderungswürdigkeit eines Vorhabens beruht also auf relativ vordergründigen Merkmalen des Innovators und/oder der Innovation. Diese Entscheidungskriterien der Innovationspolitik entsprechen den Merkmalsdifferenzierungen der Innovationsforschung. Auch in der Innovationstheorie wird die Betriebsgröße als zentrales Merkmal betrachtet und im Zusammenhang mit dem betrieblichen Innovationsverhalten untersucht. Ebenso gehören Objektbereich und Prozeßabschnitt zu den vorherrschenden Merkmalen zur Unterscheidung von Innovationen. Eine solche Differenzierung wird in der Innovationsforschung für notwendig gehalten, da es gegenwärtig noch keine allgemeine Theorie gibt, die sich auf alle Innovationstypen und -phasen anwenden läßt.

Ein Nachteil dieser Kriterien besteht darin, daß dadurch nur einige typische Merkmalskombinationen bei innovationspolitischen Entscheidungsprozessen berücksichtigt werden. Wie bereits Uhlmann gezeigt hat, werden dadurch bestimmte Innovationstypen vernachlässigt[28].

Dem perzeptionstheoretischen Ansatz entsprechend, sollen die Erwartungen, die die verschiedenen Entscheidungsträger an eine staatliche Innovationspolitik richten, kurz gegenübergestellt werden. Im Rahmen des IBS-Konzeptes fordert die IG-Metall, daß die innovationspolitischen Entscheidungen stärker regional gesteuert werden sollten und daß die Arbeitnehmer bzw. entsprechende Gremien an allen Phasen der Entscheidungsfindung und -realisierung stärker beteiligt werden sollten. Vom Staat wird daher erwartet, daß er die Mittel für die Errichtung solcher Innovationsberatungsstellen zur Verfügung stellt und die Mitbestimmungsrechte der Arbeitnehmer bei Innovationsentscheidungen auf betrieblicher und überbetrieblicher Ebene vergrößert.

Wie die Befragungen der Unternehmen zur staatlichen Innovationspolitik zeigen[29], sind die Förderungsmaßnahmen für viele Unternehmen von relativ geringer Bedeutung. Die Erwartungen gehen vor allem

[28] Vgl. Uhlmann 1978.
[29] Ebenda.

dahin, daß der Staat die Innovationstätigkeit der Unternehmen am besten durch eine entsprechende Wirtschaftspolitik unterstützen könne. Langfristige Programme zur Förderung von Technologien, indirekte finanzielle Förderung und bessere Informationsmöglichkeiten werden von den Unternehmen als besonders wirkungsvolle Maßnahmen des Staates in der Innovationspolitik betrachtet[30].

Die beteiligten Forschungseinrichtungen unterscheiden sich hinsichtlich ihrer Erwartungen gegenüber der staatlichen Innovationspolitik. Die wissenschaftlichen Hilfseinrichtungen, die stärker auf eine Politikberatung ausgerichtet sind, tendieren dazu, vor allem ihren sozio-ökonomischen Sachverstand in den Entscheidungsprozeß einzubringen. Daher entwickeln sie u. a. Vorschläge zur adäquaten Strukturierung des staatlichen Entscheidungssystems, zu den Methoden der Entscheidungsfindung und zur effizienten Mittelverwendung. Dagegen beschränken sich die Erwartungen der ressorteigenen Hilfseinrichtungen darauf, daß ihr technischer Sachverstand in der Phase der Projektauswahl berücksichtigt wird.

Die Betroffenen, die bisher kaum an der staatlichen Innovationspolitik beteiligt sind, erwarten, daß ihnen der Staat größere Partizipationsmöglichkeiten in allen Phasen des Entscheidungsprozesses einräumt. Diese Forderungen werden insbes. bei solchen Technologien gestellt, deren Risiko als besonders hoch eingeschätzt wird und deren Folgewirkungen einen hohen Grad an Betroffenheit hervorrufen kann. Aus der gegenwärtigen Diskussion lassen sich jedoch noch keine Organisationsmodelle erkennen, die diesen Forderungen nach entsprechenden Beteiligungsmöglichkeiten gerecht werden.

Auch innerhalb der staatlichen Stellen bestehen unterschiedliche Erwartungen bezüglich der Innovationspolitik. Die Wirtschaftsministerien der Bundesländer gehen zunehmend zu einer autonomen Gestaltung der regionalen Innovationspolitik über. Von den Bundesministerien erwarten sie, daß günstige wirtschaftliche Rahmenbedingungen durch entsprechende wirtschaftspolitische Maßnahmen auf Bundesebene geschaffen werden und daß die Mittel zur regionalen Innovationsförderung erhöht werden. Die Bundesministerien unterscheiden sich vor allem darin, wann und wie der Staat in das Innovationsgeschehen eingreifen sollte. Das Bundesministerium für Wirtschaft geht davon aus, daß der Staat durch seine Innovationspolitik der Gefahr einer Stagnation entgegenwirken sollte. Das Bundesministerium für Forschung und Technologie motiviert dagegen seine Förderungspolitik mit gesellschaftlichen und technologischen Herausforderungen, die rechtzeitig bewältigt werden müssen, um Krisensituationen zu vermeiden.

---

[30] Vgl. Uhlmann 1978.

## 5. Schlußfolgerungen und Ausblick

Obwohl es der liberalistischen Tradition entspricht, Innovationen der autonomen Steuerung der Wirtschaft zu überlassen, hat der Staat schon seit Anbruch des Industriezeitalters Zusatzfunktionen im Innovationsprozeß wahrgenommen. Die staatlichen Aktivitäten richteten sich zunächst auf eine reine Wissenschaftsförderung. Ihre Aufgabe bestand vor allem darin, durch Gründung wissenschaftlicher Einrichtungen und Ausbildungsstätten die personellen und materiellen Voraussetzungen dafür zu schaffen, daß der Strom an potentiell verwertbaren neuen Erkenntnissen nicht abriß, die als Mittel für freibleibende Zwecke zur Verfügung standen[1]. Damit beschränkte sich der Staat darauf, die Randbedingungen für die Initiierung von Innovationen zu verbessern. Nur eine solche indirekte Beeinflussung der Anstoßphase schien mit der liberalistischen Auffassung über das Zusammenwirken von Staat und Wirtschaft gerechtfertigt. Maßnahmen, die sich auf die Probleme der Lösungssuche, Entscheidungsfindung und gesellschaftlichen Integration bezogen hätten, blieben dagegen im Rahmen staatlicher Innovationsförderung unberücksichtigt. Hier sah der Staat seine Aufgabe allein darin, auf dem Gesetzes- und Verordnungswege für die Erhaltung der geltenden Wirtschaftsordnung zu sorgen. Eine aktive Gestaltung des technischen Fortschritts im Sinne einer staatlichen Interventionspolitik wurde somit nicht angestrebt. Diese eng definierte Rolle des Staates im gesellschaftlichen Innovationsgeschehen kam einerseits den Interessen der Unternehmen entgegen, da die Entscheidungsautonomie der wirtschaftlichen Handlungsträger ungestört blieb; andererseits entsprach sie aber auch dem Selbstverständnis der Wissenschaft. So gehörte es zu den hergebrachten Überzeugungen der Wissenschaft, daß diese nur ihren eigenen Erkenntnisabsichten zu dienen habe, daß die Erforschung des noch Unbekannten einen Wert an sich darstellt, der eine ungebundene und unkontrollierte Förderung rechtfertigt. Insbesondere gilt das für die Grundlagenforschung, deren Finanzierung wegen der ungewissen Erfolgsaussichten als Möglichkeit zur Verbesserung der wissenschaftlichen Infrastruktur und deshalb als Angelegenheit des Staates angesehen wurde. Allerdings sollte hier nicht eine völlig uneigennützige Förderungsbereitschaft angenommen werden. Neben dem Bildungswert zweckfreier Suche nach neuen Erkenntnissen hat die Wissenschaftsförderung unter der Ahnung jener „eigenartigen Zweckdienlich-

[1] Vgl. Freyer 1955.

keit zweckfreier Forschung"[2] gestanden. Plessner meint damit vor allem den Sachverhalt, daß ein vom wissenschaftlichen Standpunkt bemerkenswertes Ergebnis über mehrere Konkretisationsstufen Verwendungsmöglichkeiten erkennen läßt, die ursprünglich auch nicht im entferntesten abzusehen waren. Diese Annahme über die dynamische Entwicklung neuer wissenschaftlicher Erkenntnisse wird häufig in Form eines Sicker- oder Kaskadenmodells veranschaulicht.

Die Innovationsförderung des liberalen Staates erscheint zwar, was den Zeitpunkt und die Art des Erfolges anbelangt, als stark risikobehaftete Maßnahme, sie findet jedoch ihre Rechtfertigung in der unbestimmten Erwartung, daß eine Erweiterung des Grundlagenwissens auf den Anwendungsbereich ausstrahlt. Bei dieser Form der Innovationsförderung muß jedoch in Kauf genommen werden, daß wegen der innerhalb der Vermittlungsstrecke auftretenden institutionellen, persönlichen und räumlichen Barrieren und Kommunikationslücken nur wenig Einfluß auf die Überbrückung der Distanz genommen werden kann, durch die zweckfrei intendierte Erkenntnis und Anwendungspraxis voneinander getrennt sind.

Die häufig zu beobachtende erhebliche zeitliche Verzögerung, mit der neues Wissen eine technische Weiterentwicklung und schließlich auch Anwendung erfährt, hat dazu geführt, daß der Staat seine Rolle als Innovator neu definiert hat[3]. Die Umsetzungsproblematik hat es notwendig erscheinen lassen, daß sich der Staat stärker um den Bereich der Entwicklung von technischen Lösungen bemüht. Der indirekten Förderungsorientierung entsprechend, wurden zunächst nur solche Maßnahmen ergriffen, die den Mangel an unternehmerischer Initiative bei der technischen Realisierung von Innovationen beheben sollten. Zu den Maßnahmen einer solchen marktorientierten, auf eine allgemeine Anreizwirkung hin abzielende Innovationsförderung gehörten insbes. Steuererleichterungen und Kreditverbilligungen.

Während die bisherigen staatlichen Aktivitäten im Rahmen des liberalistischen Förderungskonzeptes blieben, kommt es mit den projektgebundenen Zuschüssen und der Vergabe von konkreten Entwicklungsaufträgen zu einer stärker interventionistisch ausgerichteten Innovationspolitik. Ihre Legitimationsgrundlage beruhte auf der Erkenntnis, daß bestimmte gesellschaftlich relevante Innovationen nicht unter marktwirtschaftlichen Gesichtspunkten realisiert werden, sei es, weil ihre Entwicklungskosten die Finanzkraft von Großunternehmen überschreiten, oder sei es, weil ein Markt nicht vorhanden oder nur schwer abzuschätzen ist.

[2] Plessner 1963.
[3] Vgl. Mensch 1971, S. 292 ff.

Unzulänglichkeiten sowohl bei der Ideenfindung als auch bei der technischen Umsetzung haben die Ausgliederung von Teilphasen aus dem unternehmerischen Innovationsprozeß gefördert und zur Gründung von staatlichen Forschungseinrichtungen beigetragen. Diese Entwicklung läßt sich sowohl bei den ressorteigenen Hilfseinrichtungen als auch bei den wissenschaftlichen Hilfseinrichtungen erkennen. Während die ressorteigenen Einrichtungen sich mit Problemen der technischen Realisierung, insbes. mit der Entwicklung von technischen Normen, beschäftigen, liegt das Schwergewicht der Großforschungseinrichtungen auch im Bereich der Ideenfindung.

Die finanzielle Forschungsförderung wie auch die institutionelle Ausgliederung zielten vor allem auf die Überwindung von Innovationsbarrieren ab, die in Großunternehmen auftreten. Dagegen wurden die Innovationsprobleme von kleinen und mittleren Unternehmen nicht in ausreichendem Maße berücksichtigt. Die unerwünschten Nebenfolgen solcher einseitig wirkenden Innovationspolitik sollen durch eine stärkere Regionalisierung der Förderungsmaßnahmen abgebaut werden. In diesem Bereich nehmen nicht nur die Wirtschaftsministerien der Bundesländer, sondern auch die Industrie- und Handelskammern zunehmend Vermittlungsfunktionen zwischen Staat, Forschung und Wirtschaft im Interesse der kleinen und mittleren Unternehmen wahr.

Kommt bereits in der Übernahme bestimmter Teilfunktionen durch staatliche Forschungseinrichtungen das Interesse des Staates an einer bewußteren Steuerung zum Ausdruck, so wird diese Absicht noch deutlicher, wo durch Auflagen, Richtlinien und gesetzliche Vorschriften die Entwicklung von unerwünschten Innovationen verhindert werden soll. Diese Politik zielt gleichzeitig auch darauf ab, durch die Formulierung neuer Standards den unternehmerischen Innovationsprozeß in eine sozial erwünschte Richtung zu lenken. Die soziale Akzeptanz wird somit zu einem wesentlichen Kriterium der staatlichen Innovationspolitik. Eine solche Orientierung bei der Aufgabenwahrnehmung stützt sich auf die folgenden Überlegungen. Staatliche Innovationsförderung legt sehr oft erhebliche finanzielle Mittel fest. Da ein Abbruch solcher staatlich finanzierter Innovationen eine kaum zu rechtfertigende Fehlinvestition bedeuten würde, ist es wahrscheinlich, daß staatliche Stellen die technische Entwicklung auch dann vorantreiben, wenn die Frage der sozialen Akzeptanz noch ungeklärt ist. Allerdings zeigen sich die Grenzen einer solchen promotorenorientierten Innovationspolitik dort, wo die Einführung neuer Technologien auf Ablehnung stößt. Um die damit verbundenen Konflikte zu vermeiden, ist es notwendig, das Problem der gesellschaftlichen Durchsetzung rechtzeitig mit in den Planungsprozeß einzubeziehen. Die Berücksichtigung verschiedener gesellschaftlicher Innovationsinteressen bringt jedoch institutionelle Probleme mit sich, die bisher noch weitgehend ungelöst geblieben sind. Insbesondere stellt sich die Frage, in welcher Form die potentiellen Übernehmer bzw. Betroffenen an den Anfangsphasen des Innovationsprozesses beteiligt werden können. Auf der betrieblichen Ebene zeigen sich im IBS-Konzept erste Ansätze zu einer institutionellen Regelung, die der Partizipation unterschiedlicher Gruppen am Innovationsprozeß sicherstellt. Auf gesamtgesellschaftlicher Ebene sind solche Gedankengänge institutionell noch nicht realisiert worden.

Wie aus der vorangegangenen Darstellung deutlich wird, ist die gegenwärtige Differenzierung des staatlichen Innovationssystems eine Folge der jeweils neu aufgetretenen Problemlagen im gesellschaftlichen Innovationsgeschehen. Aus einer solchen wildwüchsigen Organisationsentwicklung ergeben sich unmittelbar Probleme der Integration innovativer Teilprozesse im staatlicher Innovationssystem. Auch hierzu fehlen weitgehend entsprechende institutionelle Regelungen. Da sowohl unzureichende Differentiation als auch Integration mögliche Ursachen für eine ineffiziente staatliche Innovationspolitik sein können, ist es vordringlich, systematische Überlegungen zu diesem Problem anzustellen. Ansätze zu einer möglichen Lösung sollen im folgenden skizziert werden.

Kriterien für eine effiziente Differenzierung lassen sich aus einer funktionsorientierten Prozeßanalyse gewinnen. Hierbei können die folgenden Funktionsbereiche bzw. Prozeßphasen unterschieden werden:

(1) Anstoßfunktion in der Phase der Problemwahrnehmung und Ideenfindung;

(2) Konkretisationsfunktion in der Phase der Lösungssuche;

(3) Integrationsfunktion in der Phase der Entscheidungsfindung;

(4) Stabilisierungsfunktion in der Phase der Diffusion.

Diese Funktionsanalyse bildet die Grundlage für institutionelle Regelungen im staatlichen Innovationssystem. Jedem Funktionsbereich lassen sich entsprechende Rollenträger zuordnen. Es bedarf jeweils alternativer organisatorischer Lösungen, wenn der Staat als Initiator, Fachpromotor, Integrator und Stabilisator in Erscheinung tritt. Ausgehend von diesem Differenzierungsmodell müssen geeignete Strukturen zur Integration gefunden werden. Als Lösungsmöglichkeiten bieten sich an:

1. Institutionalisierung zusätzlicher Liaison-Rollen;
2. Institutionalisierung von Spiegelreferaten;
3. zeitlich begrenzte Einführung problembezogener Organisationseinheiten.

Organisatorische Probleme ergeben sich weiterhin dadurch, daß innerhalb der Rollenstruktur des staatlichen Innovationssystems auch die Frage der Beteiligung von verschiedenen gesellschaftlichen Gruppen geregelt werden muß. Die Auswahl der zu beteiligenden Gruppen sollte sowohl unter dem Gesichtspunkt der fachlichen Kompetenz wie auch der Betroffenheit geschehen. Dementsprechend sollte auch entschieden werden, ob die Beteiligung eher in Form eines Informationsanspruches, einer Beratungsbefugnis oder eines Entscheidungsrechtes erfolgen sollte.

Die sozialwissenschaftliche Innovationsforschung hat die rollentheotische Analyse bisher ausschließlich auf die Einzelorganisation, vor allem den Wirtschaftsbetrieb, bezogen. Es sollte hier, wenn auch nur ansatzweise, verdeutlicht werden, daß sich dieser Ansatz auch auf das staatliche Innovationssystem übertragen läßt. Eine systematischere Anwendung des rollentheoretischen Konzepts kann möglicherweise den Übergang von einer weitgehend beschreibenden zu einer theoretischen Analyse der staatlichen Entscheidungsstrukturen im Innovationsgeschehen einleiten. Dadurch könnten sich auch neue Ansatzpunkte für eine rationale Gestaltung des staatlichen Innovationssystems ergeben.

# 6. Anhang

Der vorliegende Anhang umfaßt die Erhebungsleitfäden, nach denen die Interviews zur staatlichen Innovationspolitik vorgenommen wurden. Die Befragung erfolgte in Form des offenen Interviews. Es wurden 11 Regierungsstellen und 9 Forschungseinrichtungen in der BRD befragt, wobei innerhalb einer Institution häufig mehrere Gespräche geführt wurden.

## 6.1. Interviews bei Bundesministerien

Erhebungsleitfaden zur Befragung von Bundesministerien im Rahmen des Forschungsprojekts „Der Innovationsprozeß in westeuropäischen Industrieländern".

*A. Analyse der Entscheidungsstruktur*

*A 1* Vertikale Entscheidungsstruktur: Bund — Länder

1. Über welche Kompetenzen verfügen die Bundes- bzw. Landesministerien im Rahmen der Förderung neuer Technologien im Energiebereich?
2. Welche formalen und informalen Kooperationsbeziehungen bestehen zwischen den Bundes- und Landesministerien in dem hier angesprochenen Aufgabenbereich? Beschreiben Sie bitte die Arbeitsweise dieser Gremien, ihre personelle Zusammensetzung, den Gegenstand und Zweck sowie die Häufigkeit der Zusammenarbeit.
   Ist es in den letzten Jahren zu einer Änderung in den Kooperationsformen zwischen Ministerien gekommen? Wenn ja, welche?
3. Wie hoch sind die Mittel, die den Bundes- bzw. Landesministerien insgesamt zur Verfügung stehen zur Förderung neuer technologischer Entwicklungen im Energiebereich?

*A 2* Horizontale Entscheidungsstruktur: Beziehungen zwischen den Bundesministerien

4. Über welche Kompetenzen verfügen die betreffenden Bundesministerien im Rahmen der Förderung neuer Technologien im Energiebereich?
5. Welche ressortübergreifenden Kooperationsformen bestehen zwischen den Bundesministerien in diesem Aufgabenbereich? Läßt sich die Zusammenarbeit eher als formal oder informal kennzeichnen?
   Bestehen Probleme in der Zusammenarbeit zwischen den betreffenden Ministerien in diesem Aufgabenbereich?

6. Wie hoch sind die Mittel, die den betreffenden Bundesministerien im einzelnen zur Verfügung stehen für die Innovationsförderung im Energiebereich?

*A 3* Organisationsstruktur der beteiligten Ministerien

7. Welcher Abteilung ist die Förderung neuer Technologien im Energiebereich in den betreffenden Bundesministerien zugeordnet?
   Ist es möglich, eine Übersicht über die Organisationsstruktur des Ministeriums zu erhalten?

*B. Analyse des Entscheidungsprozesses*

*B 1* Ziele der Förderungspolitik neuer Technologien im Energiebereich

8. Welchen Zielen wird gegenwärtig Priorität eingeräumt im Rahmen der staatlichen Innovationsförderung im Energiebereich?
   Wodurch unterscheiden sich die gegenwärtigen Zielprioritäten gegenüber den Leitvorstellungen der Förderungspolitik, die in den sechziger Jahren bestimmend waren? Welche Veränderungen in den Zielvorstellungen erwarten Sie in den nächsten Jahren?
9. Ist es bisher zu Zielkonflikten gekommen, bzw. erwarten Sie Zielunverträglichkeiten in den nächsten Jahren? Wenn ja, wo sehen Sie mögliche Zielkonflikte?
10. Über welchen Zeitraum erstrecken sich die gegenwärtig verfolgten Zielvorstellungen? Sind diese Zielkategorien eher global umrissen im Sinne von kurzfristig zu interpretierenden Leitvorstellungen oder sind sie eher als relativ präzise vorgegebene Sollwerte festgelegt?

*B 2* Strategien zur Realisierung der Ziele

11. Aus welchen Quellen und zu welchem Zeitpunkt werden Informationen eingeholt zur Beurteilung förderungswürdiger Projekte?
12. Welche Kriterien müssen Projekte erfüllen, um von den betreffenden staatlichen Stellen gefördert zu werden?
13. Wie verteilen sich die eingereichten Projektanträge prozentual auf kleine, mittlere und große Unternehmen?
14. Wie hoch ist der prozentuale Anteil an kleinen, mittleren und großen Unternehmen, deren Projektanträge gefördert (bzw. abgelehnt) werden?
15. Welche technologischen Aufgabenbereiche im Energiebereich werden am stärksten bzw. am schwächsten gefördert?
16. Stehen gegenwärtig ausreichend Mittel zur Forschungsförderung im Energiebereich zur Verfügung?
    Richtet sich die Finanzierung nach dem Projektstadium und dem Erfolg der vorherigen Projektstufen?
    Variieren die Finanzierungsmethoden nach Art des Projekts und der Größe des Unternehmens?
17. Werden Erfolgskontrollen über den Projektverlauf durchgeführt? Werden standardisierte Kontrollprogramme angewandt?
18. Würden Sie bitte die Organisation und Zielsetzung bestehender privater bzw. öffentlicher Wagnisfinanzierungsgesellschaften näher kennzeichnen?

19. Ergeben sich für die staatlichen Stellen Probleme aus der Risikobereitschaft bei der Projekt- und Unternehmensfinanzierung?
20. Können Sie kurz einen typischen Entscheidungsablauf im Rahmen der Projektförderung darstellen?

*C. Rolle des Staates gegenüber der Wirtschaft*

21. Ergreift der Staat eher die Initiative im Rahmen der Projektförderung oder lassen die betreffenden staatlichen Stellen die Initiative stärker von den Unternehmen ausgehen? Ist das Förderungsverhalten eher als aktiv oder passiv zu bezeichnen?
22. Bestehen zu bestimmten Unternehmen traditionelle Beziehungen, die sich aufgrund langjähriger Förderung entwickelt haben?
23. Welche Förderungsarten bestehen gegenwärtig in dem hier angesprochenen Aufgabenbereich?
    Läßt sich dieser Maßnahmenkatalog eher als direkte oder (und) indirekte Förderung, aktive oder (und) passive Förderung kennzeichnen?
24. Erwarten Sie für die Zukunft eher eine Begrenzung oder eine Erweiterung staatlicher Maßnahmen zur Förderung neuer Technologien im Energiebereich?
25. Läßt sich die staatliche Förderung neuer Technologien im Energiebereich durch privatwirtschaftliche Maßnahmen ersetzen?
26. Welche Faktoren sind Ihrer Meinung nach wesentlich für ein günstiges Innovationsklima?
    Mit welchen Maßnahmen kann der Staat zu einem günstigen Innovationsklima im Energiebereich beitragen?
27. Welche Faktoren beeinflussen die F- und E-Tätigkeit im Unternehmen?
28. Welche Möglichkeiten bestehen für den Staat, um die technologische Entwicklung im Energiebereich zu lenken?
29. Welche Möglichkeiten gibt es, um die Wirksamkeit staatlicher Maßnahmen zur Förderung der F- und E-Tätigkeit in Unternehmen zu überprüfen (Erfolgskontrolle) bzw. zu erhöhen?
30. Welche Auswirkungen hat die Energiekrise auf die staatliche Förderungspolitik neuer Technologien im Energiebereich gehabt?

*D. Die staatliche Förderungspolitik im Rahmen internationaler Beziehungen*

31. Inwieweit orientiert sich die deutsche Förderungspolitik an den Forschungsprogrammen anderer EG-Länder und den USA?
32. Welche Absprachen und Zusammenhänge bestehen zwischen der Förderungspolitik anderer EG-Länder oder den USA im Energiebereich einerseits und der BRD andererseits?

*E. Gesellschaftliche Transparenz der staatlichen Förderungspolitik im Energiebereich*

33. In welcher Weise versuchen staatliche Stellen, die Präferenzen der Bevölkerung hinsichtlich der technologischen Entwicklung im Energiebereich zu ermitteln?
34. Welche Beziehung besteht zwischen den staatlichen und öffentlichen Präferenzen bezüglich neuer Technologien im Energiebereich (ein hoher bzw. niedriger Grad an Übereinstimmung)?

## 6.2. Interviews bei Wirtschaftsministerien der Bundesländer

### A. *Analyse der Entscheidungsstruktur*

A. 1 *Vertikale* Entscheidungsstruktur: Bund — Land

1. Über welche Kompetenzen verfügen Bundes- und Landesministerien im Rahmen der Förderung neuer Technologien im Energiebereich?
2. Welche formalen und informalen Kooperationsformen bestehen zwischen den Bundes- und Landesministerien in dem hier angesprochenen Aufgabenbereich?
   Beschreiben Sie bitte die Arbeitsweise dieser Gremien, ihre personelle Zusammensetzung, den Gegenstand und Zweck der Zusammenarbeit und die Häufigkeit der Kooperation.
   Ist es in den letzten Jahren zu Veränderungen in den Kooperationsformen zwischen den Ministerien gekommen?
   Wenn ja, welche?

A. 2 *Horizontale* Entscheidungsstruktur: Beziehungen zwischen den Landesministerien

3. Über welche Kompetenzen verfügen die betreffenden Landesministerien im Rahmen der Förderung neuer Technologien im Energiebereich?
4. Welche ressortübergreifenden Kooperationsformen bestehen zwischen den Landesministerien in diesem Aufgabenbereich?
   Läßt sich die Zusammenarbeit eher als formal oder informal kennzeichnen?
   Bestehen Probleme in der Zusammenarbeit zwischen den betreffenden Ministerien in diesem Aufgabenbereich?

### B. *Analyse des Entscheidungsprozesses*

B. 1 *Ziele* für die Förderungspolitik neuer Technologien im Energiebereich

5. Welchen Zielen wird gegenwärtig Priorität eingeräumt im Rahmen der staatlichen Förderung neuer Technologien im Energiebreich?
   Wodurch unterscheiden sich die gegenwärtigen Zielprioritäten gegenüber den Zielen, die in den sechziger Jahren bestimmend waren?
   Welche Veränderungen in den Zielvorstellungen erwarten Sie für die Zukunft?
6. Ist es bisher zu Zielkonflikten gekommen, bzw. erwarten Sie Zielunverträglichkeiten in den nächsten Jahren?
   Wenn ja, worin sehen Sie sie?
7. Über welchen Zeitraum erstrecken sich die gegenwärtigen Zielvorstellungen?
   Sind diese Zielkategorien eher global umrissen im Sinne von Leitvorstellungen oder sind sie eher als relativ präzise vorgegebene Sollwerte festgelegt?

B. 2 *Strategien* zur Realisierung der Ziele

8. Ergreift der Staat eher die Initiative im Rahmen der Projektförderung (aktiv) oder lassen die betreffenden staatlichen Stellen die Initiative stärker von den Unternehmen ausgehen (passiv)?

9. Welche Kriterien müssen Projekte erfüllen, um von den betreffenden staatlichen Stellen gefördert zu werden?
10. Bestehen Genehmigungsverfahren zur Einführung neuer Technologien im Energiebereich?
    Wer ist an den Genehmigungsentscheidungen maßgeblich beteiligt? Ergeben sich Probleme (z. B. Verzögerungen, Konflikte) bei den Genehmigungsverfahren durch Einsprüche seitens der betroffenen Bevölkerung?
11. Beschreiben Sie bitte einen typischen Entscheidungsablauf im Rahmen der Projektantragstellung zur Förderung neuer Technologien im Energiebereich.

*C. Die Rolle der Landespolitik im Rahmen der wirtschaftlich-technischen Entwicklung im Energiebereich*

12. Welche Förderungsarten bestehen gegenwärtig in dem hier angesprochenen Aufgabenbereich?
    Läßt sich dieser Maßnahmenkatalog eher als direkte oder (und) indirekte, aktive oder (und) passive Förderung kennzeichnen?
13. Erwarten Sie für die Zukunft eher eine Begrenzung oder eine Erweiterung staatlicher Maßnahmen zur Förderung neuer Technologien im Energiebereich?
14. Welche Faktoren sind Ihrer Meinung nach wesentlich für ein günstiges Innovationsklima?
    Über welche Maßnahmen kann der Staat zu einem günstigen Innovationsklima im Energiebereich beitragen?
15. Welche Möglichkeiten hat der Staat, um die technologische Entwicklung im Energiebereich zu lenken?
16. Hat die Energiekrise Auswirkungen auf die staatliche Förderungspolitik neuer Technologien im Energiebereich gehabt?
    Wenn ja, welche?
17. Welche Fragestellungen gelten im Bereich der Förderung neuer Technologien im Energiebereich als ungelöst bzw. stehen zur Diskussion?

*D. Gesellschaftliche Transparenz der staatlichen Förderungspolitik neuer Energie-Technologien auf der Landesebene*

18. In welcher Weise versuchen staatliche Stellen die Präferenzen der Bevölkerung hinsichtlich der technologischen Entwicklung im Energiebereich zu ermitteln?
19. Welche Beziehung besteht zwischen den staatlichen und öffentlichen Präferenzen bezüglich neuer Technologien im Energiebereich?

## 6.3. Befragung von Forschungsinstituten

*A. Das Zwecksystem der Forschungsorganisation*

1. Welchen der folgenden Kategorien läßt sich Ihr Institut zuordnen?
    a) Industrieinstitute
        — Nur-Forschungsinstitute mit gewerblicher Zielsetzung
        — Vertragsforschungsinstitute
        — Verbandsinstitute

b) Forschungsanstalten einschl. Materialprüfungsämter
c) Nur-Forschungsinstitute ohne gewerbliche Zielsetzung
— Typ Max-Planck-Institute
— Hochschulinstitute

2. Verfolgt Ihr Institut einen Zweck oder mehrere? Welche Zielsetzungen sind es im einzelnen?
3. Mit welchen Arbeitsgebieten beschäftigt sich Ihr Institut? Gehören dazu auch Probleme aus dem Energiebereich?
4. Befaßt sich Ihr Institut in erster Linie mit Grundlagenforschung oder mit angewandter Forschung und Entwicklung?
5. Welche Stellung nimmt der Aufgabenbereich Ihres Institutes im Innovationsprozeß Ihrer Meinung nach ein?
Wie würden Sie den Begriff „Innovation" kennzeichnen?

*B. Das Mittelsystem der Forschungsorganisation*

6. Wieviele Beschäftigte sind an Ihrem Institut angestellt?
— Fachwissenschaftler
— Ingenieure
— Technisches Hilfspersonal
— Verwaltungspersonal
7. Wer erteilt Ihrem Institut die F- und E-Aufträge? Werden sie in erster Linie vom Staat, der Wirtschaft oder von anderen Bereichen finanziert?
8. Wer verwendet die Forschungsergebnisse Ihres Institutes?
— Geldgeber
— Auftraggeber
— Eigene Schutzrechte
— Veröffentlichung
9. Welche Probleme ergeben sich bei der Verwendung der Forschungsergebnisse?

*C. Die Interface-Beziehungen der Forschungsorganisation*

10. Welche Interface-Beziehungen bestehen zwischen Ihrem Institut, der Wirtschaft und dem Staat?
11. Unterliegt Ihr Institut externen Kontrollen?
12. Wirkt Ihr Institut eher steuernd oder initiativ im Rahmen des Innovationsprozesses?
13. Hat die Energiekrise Auswirkungen auf die Forschungsaufträge des Institutes gehabt?
14. Welche Probleme betrachten Sie als kritisch für die künftige Entwicklung des Energiebereiches?

# Literaturverzeichnis

*Aregger*, K.: Innovation in sozialen Systemen. Einführung in die Innovationstheorie der Organisation. Bern/Stuttgart 1975

*Becker*, S. W., *Whisler*, T. L.: The Innovative Organization: A Selective View of Current Theory and Research, in: The Journal of Business, Vol. 40, 1967

*Bendixen*, P., *Kemmler*, H. W.: Planung, Organisation und Methodik innovativer Entscheidungsprozesse. Berlin/New York 1972

*Bräunling*, G., *Harmsen*, D.-M.: Die Förderungsprinzipien und Instrumente der Forschung- und Technologiepolitik. Göttingen 1975

*Brandenburg*, A. G., *Brödner*, P., *Hetzler*, H. W., *Schienstock*, G., unter Mitarbeit v. a.: Die Innovationsentscheidung. Göttingen 1975

Bundesminister für Forschung und Technologie (Hrsg.) 1975 a): Bürgerinitiativen im Bereich von Kernkraftwerken. Bericht für das BMFT, durchgeführt vom Battelle-Institut e. V., Frankf./M. Bonn 1975, 2. Aufl.

— 1975 b): Förderfibel. Bonn 1975

Bundesministerium für Wirtschaft: Technologie und Wirtschaft. Ein Bericht des Bundesministers für Wirtschaft über die technologische Situation und ihre Rahmenbedingungen in der BRD. Bonn 1976, insbes. Kap. 3, 2: Innovation

*Cairncross*, A.: Government and Innovation, in: G. Worsweck (ed.): Uses of Economics. Oxford 1972

*Finke*, W.: Voraussetzungen erfolgreicher Innovationsförderung, in: Wirtschaft und Wissenschaft, 19. Jg., 1971, H. 6

*Fleischmann*, G.: Wettbewerb und Innovation, in: Hamburger Jahrbuch für Wirtschafts- und Gesellschaftspolitik, 17. Jg., 1972

*Freeman*, C.: Aspect of Public Policy for Innovation, in: ders.: The Economics of Industrial Innovation. Harmondsworth 1974

*Freyer*, H.: Theorie des gegenwärtigen Zeitalters. Stuttgart 1955.

*Galbraith*, J. K.: Die moderne Industriegesellschaft. München, Zürich 1968

*Geschka*, H., *Schwerdtner*, H. E.: Politische Aspekte der Innovationsförderung, in: Wirtschaft und Wissenschaft 22. Jg. (1974), H. 4

*Habermas*, J.: Legitimationsprobleme im Spätkapitalismus, 3. Aufl. Frankf./M 1975

*Häfele*, W.: Neuartige Wege naturwissenschaftlich-technischer Entwicklung, in: Die Projektwissenschaften. Schriften des Bundesministers für wissenschaftliche Forschung, H. 4, München 1963

*Hamke*, F., unter Mitarbeit von *Brandenburg*, A. G., *Brödner*, P., *Kliemke*, C., *Schienstock*, G.: Privates Anlagekapital für die staatliche Forschungspolitik. Göttingen 1976

*Harmsen*, D.-M., *Niederwemmer*, U.: Der nationale Forschungs- und Innovationsverbund. Institutionelle Situation, instrumentelle Möglichkeiten und strukturelle Vorschläge, in: Wirtschaft und Wissenschaft 1976, H. 2

*Hauff*, V.: Regierung, Parlament, Öffentlichkeit — Träger der Forschungspolitik, in: H. Matthöfer/V. Hauff (Hrsg.): Forschungspolitik für eine lebenswerte Zukunft. Grafenau-Döffingen 1974, S. 11 ff

*Hauff*, V., *Scharpf*, F. W.: Modernisierung der Volkswirtschaft. Technologiepolitik als Strukturpolitik. Frankf./M. — Köln 1975

*Havelock*, R. G., u. a.: Planning for Innovation through Dissemination and Utilization of Knowledge. Ann Arbor/Michigan, 3. printing 1971

*Hetzler*, H. W.: Soziale Strukturen der organisierten Forschung. Gütersloh 1970

*Hinz*, H.: Innovationsberatungsstellen (IBS) — zum IBS-Konzept der IG Metall, in: WSI-Mitteilungen, 10. Jg., 1976, S. 617 ff

*Hirsch*, J.: Wissenschaftlich-technischer Fortschritt und politisches System, 3. Aufl. Frankf./M 1973

Industrie- und Handelskammer zu Koblenz: Kein technischer Fortschritt ohne Mittelstand. Eine Untersuchung der Industrie- und Handelskammer zu Koblenz über die Innovationsfähigkeit der mittelständischen Wirtschaft. Koblenz, Nov. 1975

Industrie- und Handelskammer zu Koblenz u. a. (Hrsg.): BITT. Der Schlüssel zum Fortschritt. Innovation, Technologietransfer, Erfinderschutz. Koblenz o. J.

*Jewkes*, J., *Sawers*, D., *Stillman*, R.: The Sources of Invention. New York 1959

*Kapp*, K. W.: Die volkswirtschaftlichen Kosten der Privatwirtschaft. Tübingen — Zürich 1958

*Keck*, O.: West German Science Policy Since the Early 1960's: Trends and Objectives, in: Research Policy, Vol. 5, 1976, S. 116 ff

*Koch*, C. Kritische Überlegungen zur Entscheidungspraxis in der Forschungs- und Entwicklungsplanung, in: H. Paschen/H. Krauch (Hrsg.): Methoden und Probleme der Forschung- und Entwicklungsplanung, München — Wien 1972

*Krauch*, H., *Vollmann*, W.: Die Diskrepanz zwischen der staatlichen und der öffentlichen Präferenzordnung der wichtigsten Forschungs- und Entwicklungsaufgaben in der BRD, in: Paschen, H., Krauch, H. (Hrsg.): Methoden und Probleme der Forschungs- und Entwicklungsplanung. München — Wien 1972

*Krupp*, H.-J.: Soziale Indikatoren und Qualität des Lebens — Eine neue Deutung des Wirtschaftswachstums?, in: Ifo-Institut für Wirtschaftsforschung (Hrsg.): Technischer Fortschritt — Ursache und Auswirkung des wirtschaftlichen Handelns. Referate und Diskussionsbeiträge der zweiten Innovationstagung vom 3.—5. 4. 1974, veranstaltet vom Ifo-Institut für Wirtschaftsforschung in München. München 1974, S. 370 ff

*Kuhn*, T. S.: Die Struktur wissenschaftlicher Revolutionen. Frankf./M. 1967

*Lauschmann*, E.: Zur Frage der Social Costs, in: Jahrbuch für Sozialwissenschaft, 4. Jg., 1959, H. 10, S. 193 ff

*Little*, A. D., Inc., Industrial Research Institute Inc.: Barriers to Innovation in Industry: Opportunities for Public Policy Changes. Cambridge/Mass. New York 1973

*Littmann*, K.: Die Chancen staatlicher Innovationslenkung. Göttingen 1975

*Mannheim*, K.: Mensch und Gesellschaft im Zeitalter des Umbaus, dt. Übers., 2. Aufl., Bad Homburg — Berlin — Zürich 1967

*Mayntz*, R.: Funktionen der Beteiligung bei öffentlicher Planung, in: Demokratie und Verwaltung. Berlin 1972, S. 341 ff

*Mencke-Glückert*, P.: Technischer Fortschritt und Umweltschutz, in: Ifo-Institut für Wirtschaftsforschung (Hrsg.): Technischer Fortschritt — Ursache und Auswirkung wirtschaftlichen Handelns. Referate und Diskussionsbeiträge der zweiten Innovationstagung vom 3.—5. 4. 1974, veranstaltet vom Ifo-Institut für Wirtschaftsforschung in München. München 1974, S. 197 ff

*Mensch*, G.: Das technologische Patt. Innovationen überwinden die Depression. Frankf./M. 1975

— Gemischtwirtschaftliche Innovationspraxis. Göttingen 1976

*Mies*, W.: Erste Erfahrungen mit der Beratungsstelle für Innovation und Technologie-Transfer (BITT). Vortrag anläßlich des Symposiums Innovationspraxis — Innovationsforschung. Alpbach 12. — 15. 4. 1977

Ministerium für Wirtschaft, Mittelstand und Verkehr Baden-Württemberg: Programm zur Förderung der wirtschaftsnahen Forschung und der technischen Entwicklung — Innovationsförderungsprogramm — Stuttgart 1976

*Müller*, V., *Schienstock*, G.: 1977: Innovation als bargaining-Prozeß. Vortrag anläßlich des Symposiums Innovationspraxis — Innovationsforschung. Alpbach 12.—15. 4. 1977

— 1978: Der Innovationsprozeß in westeuropäischen Industrieländern, Bd. 1: Sozialwissenschaftliche Innovationstheorien. Berlin, 1978

*Muttelsee*, W. K.: Mögliche Maßnahmen zur Innovationsförderung, in: Ifo-Institut für Wirtschaftsforschung (Hrsg.): Innovation in der Wirtschaft. Referate und Diskussionsbeiträge der Tagung vom 17.—19. 3. 1970, veranstaltet vom Ifo-Institut für Wirtschaftsforschung in München. München 1970, S. 308 ff

*Myrdal*, G.: Das Zweck-Mittel-Denken in der Nationalökonomie, in: Zeitschrift für Nationalökonomie, IV. Bd. 1934, H. 3, S. 305 ff

— Das politische Element in der national-ökonomischen Doktrinbildung, dt. Übers.

OECD (Hrsg.): Science, Growth and Society. A New Perspective. Paris 1971

*Offe*, C.: Demokratische Legitimation der Planung, in: Strukturprobleme des kapitalistischen Staates. Frankf./M. 1975, 3. Aufl.

*Pavitt*, K., Government Policies towards Industrial Innovation. A Review, in: Research Policy, Vol. 5, 1976, S. 11—97

*Plessner*, H.: Zur Soziologie der modernen Forschung und ihre Organisation in der modernen Universität, Tradition und Ideologie. Wieder abgedruckt in H. Plessner (Hrsg.): Untersuchungen zur Lage der deutschen Hochschullehrer, Bd. 1, Göttingen 1956

Presse- und Informationsdienst der Bundesregierung: Bulletin Nr. 169 v. 19. Dezember 1972

Rationalisierungs-Kuratorium der Deutschen Wirtschaft (RKW) e. V. (Hrsg.): Technologietransfer und Innovation. Bericht einer Veranstaltung in Zusammenarbeit mit der Fraunhofer-Gesellschaft vom 23. 4.—24. 4. 1975 in Stuttgart. Frankf./M. 1976

*Ray,* G. F.: The assessment of the climate for innovations: economic and marketing prospects in Germany, Sweden and the United Kingdom. London 1975

*Rembser,* J.: Staatliche Forschungs-, Technologie- und Innovationspolitik, in: VDI-Berichte Nr. 229, 1976, S. 143 ff

*Röpke,* J.: Innovation, Organisationsstruktur und wirtschaftliche Entwicklung. Zu den Ursachen des wirtschaftlichen Aufstiegs von Japan, in: Jahrbuch für Sozialwissenschaften, 21. Jg., 1970

*Rüdt von Collenberg,* M.: Wirtschaftliches Risiko und technischer Fortschritt, in: Ifo-Institut für Wirtschaftsforschung (Hrsg.): Technischer Fortschritt — Ursache und Auswirkung wirtschaftlichen Handelns. Referate und Diskussionsbeiträge der zweiten Innovationstagung vom 3.—5. 4. 1974, veranstaltet vom Ifo-Institut für Wirtschaftsforschung in München. München 1974, S. 228 ff

— Die Förderung von Erstinnovationen in Industrieunternehmen durch den Bund, in: RKW (Hrsg.): Technologietransfer und Innovation. Bericht einer Veranstaltung in Zusammenarbeit mit der Fraunhofer-Gesellschaft vom 23. 4.—24. 4. 1975 in Stuttgart. Frankf./M. 1976, S. 95 ff

*Rupp,* E.: Technologietransfer als Instrument staatlicher Innovationsförderung. Göttingen 1976

*Schienstock,* G.: Organisation innovativer Rollenkomplexe. Meisenheim/Glan 1975

*Schmidt,* G.: Produkt-Innovation und Organisation. Gießen 1969

*Schmitz,* K., *Riehle,* R.,*Narr,* W. D., *Koch,* C., *Albrecht,* U.: Der Staat und die Steuerung der Wissenschaft. Göttingen 1976

*Schon,* D. A.: Beyond the Stable State. London 1971

*Schumacher,* D.: Regionale Innovationsberatung: Erste Erfahrungen einer Technologievermittlungsstelle. Vortrag anläßlich des Symposiums Innovationspraxis — Innovationsforschung. Alpbach 12.—15. 4. 1977

*Schumpeter,* J. A.: Theorie der wirtschaftlichen Entwicklung. 6. Auflage, Berlin 1964

— Kapitalismus, Sozialismus und Demokratie. Dt. Übers. Bern 1950

*Standke,* K.-H.: Europäische Forschungspolitik im Wettbewerb. Industrielle Forschung und Entwicklung und internationale Wettbewerbsfähigkeit. Schriftenreihe Europäische Wirtschaft, Bd. 41. Hrsg.: Ministerialrat a. D. Dr. H. Rieber, Baden-Baden 1970

*Steele,* L. W.: Innovation in Big Business. New York — Amsterdam 1975

*Thom,* N.: Zur Effizienz betrieblicher Innovationsprozesse. Vorstudie zu einer empirisch begründeten Theorie des betrieblichen Managements. Köln 1976

*Thompson,* V. A.: Bureaucracy and Innovation. Alabama 1969

*Uhlmann,* L.: Der Innovationsprozeß in westeuropäischen Industrieländern, Bd. 2: Der Ablauf industrieller Innovationsprozesse. Berlin 1978

*Whitehead*, A. N.: Wissenschaft und moderne Welt. Dt. Übers. Zürich 1949

*Witte*, E.: Organisation für Innovationsprozesse. Das Promotorenmodell. Göttingen 1973

*Zaltman*, G., *Duncan*, R., *Holbek*, J.: Innovations and Organizations. New York u. a. 1973

*Zintl*, R.: Organisation und Innovation, in: Politische Vierteljahresschrift, 11. Jg., 1970

Kolibri 360 GmbH
Ferdinand-Jühlke-Straße 7
99095 Erfurt, Deutschland
produktsicherheit@kolibri360.de

Druck:
CPI Druckdienstleistungen GmbH
im Auftrag der
Kolibri 360 GmbH
Ferdinand-Jühlke-Str. 7
99095 Erfurt